DÉFENSE

DE

JULES MIRÈS

PAR

M^E CRÉMIEUX

PARIS,

MICHEL LÉVY FRÈRES, LIBRAIRES-ÉDITEURS,

RUE VIVIENNE, 2 BIS.

—

1861

DÉFENSE

DE

JULES MIRÈS

PAR

Mᴱ CRÉMIEUX.

PARIS. — IMPRIMERIE ADMINISTRATIVE DE PAUL DUPONT,

Rue de Grenelle-Saint-Honoré, 45.

DÉFENSE

DE

JULES MIRÈS

PAR

Mᵉ CRÉMIEUX.

PARIS,

MICHEL LÉVY FRÈRES, LIBRAIRES-ÉDITEURS.

Rue Vivienne, nᵒ 2 *bis*.

—

1861

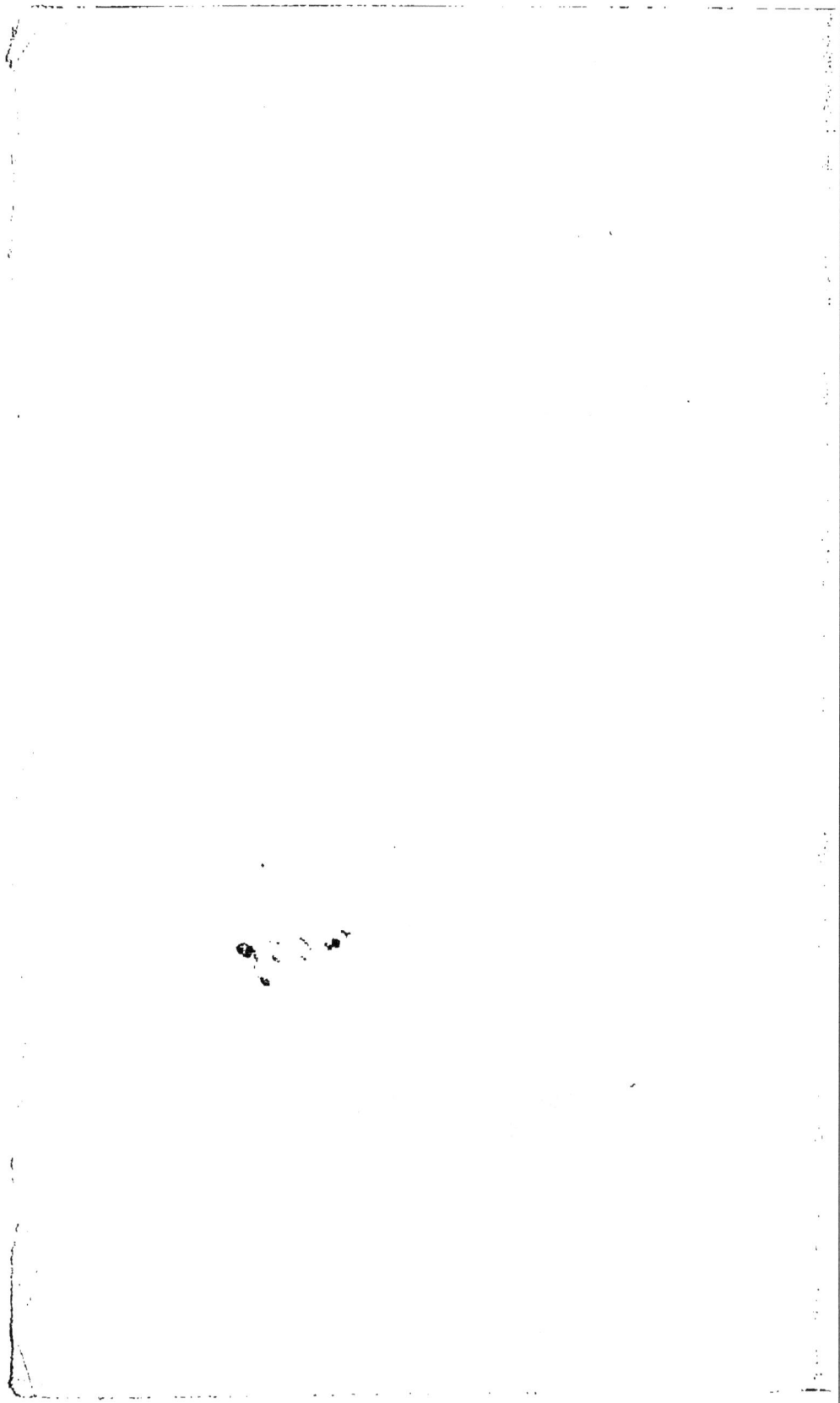

COUR IMPÉRIALE DE PARIS.

Audiences des 26 et 27 août 1861.

———

Mᴱ CRÉMIEUX

POUR

JULES MIRÈS, Appelant;

CONTRE

LE PROCUREUR GÉNÉRAL, *intimé.*

———

M. ʟᴇ Pʀésɪᴅᴇɴᴛ. — La parole est à Mᵉ Crémieux.

Mᵉ Cʀémɪᴇᴜx. — « Je viens de déposer mes *conclusions* sur le bureau de la Cour. Elles sont longues, ce qui me permettra d'être plus précis dans le débat.

Je prie Mᵉ David de lire ce qui touche l'*expertise.* Je prendrai la parole ensuite. »

Mᵉ Dᴀᴠɪᴅ lit cette partie des *conclusions* (1).

———

(1) Voyez à la fin du volume.

Mᵉ CRÉMIEUX :

Messieurs,

J'ai divisé mes conclusions; j'ai cru devoir vous présenter d'abord ce qui concerne l'*expertise* : Le but que je me propose est de demander une *expertise* nouvelle, qui montrera lequel des deux, Mirès ou l'expert, a raison, dans les calculs qui vous ont été soumis.

Je commencerai par faire connaître à la Cour des faits et des chiffres incontestables. Elle examinera, dans sa sagesse, la sentence des premiers juges, déterminée par l'*expertise* inexacte contre laquelle je m'élève. *Expertise déplorable*, qui a déjà fait condamner Mirès; premier, principal document que vous avez à consulter !

Ou vous vous en tiendrez aux termes qu'il renferme, ou vous adopterez nos rectifications : Si vous ordonnez une *expertise* nouvelle, vous aurez pris le moyen le plus certain de connaître la vérité.

Un mot, Messieurs, qui, j'en suis sûr, touchera vos cœurs : « Je ne veux pas un acquittement immédiat, dit Mirès; je veux d'abord une *expertise* exacte; c'est-à-dire un examen contradictoire, sérieux de ma gestion, de mes actes, examen qui détruira toutes les accusations de ce malheureux travail qu'on décore du nom d'expertise. Si je l'obtiens, ma cause est gagnée. » En effet, une vérification bien faite éclairera sa vie de négociant tout entière. Lorsque les récriminations les plus violentes le désolent, même à propos de faits que la prescription légale met hors de débat, il faut qu'il lui soit au moins permis de se défendre.

Comment pourrez-vous rejeter la fin de nos *conclusions*?

« Attendu que l'expert a déversé le blâme et les accusations sur Mirès, pour les opérations et les entreprises qu'il a faites en 1853, 1854, 1855 et 1856;

« Que ces appréciations sont de nature à jeter dans l'esprit de ses juges les préventions les plus défavorables;

« Que, devant le Tribunal, comme devant la Cour, où les précédents doivent exercer une si grande influence, — puisque la conscience a une si grande part dans l'appréciation des faits et dans la détermination de la peine; — il est impossible que le tableau d'une série de créations industrielles, présentées comme peu loyales et manquant de probité, ne pèse pas d'un grand poids sur le jugement et l'arrêt, surtout quand, couvertes par la prescription, elles ne peuvent pas être soumises à un examen contradictoire. »

Voilà le premier point du procès. Discuter ici les assertions de l'expert, quant à des faits antérieurs à l'année 1857, n'est pas chose possible. La Cour nous dirait elle-même que la *prescription* les couvre. Le réquisitoire du ministère public porte néanmoins ces mots:

« Attendu, quant à ces faits, que, *sans les qualifier*, il faut dire qu'ils sont couverts par la prescription... »

La vérification demandée par Mirès le mettrait à même, assure-t-il, de prouver la probité de sa gestion.

Quelques réflexions sur cette *expertise,* Messieurs :

Je supplie la Cour d'être convaincue qu'en ceci je n'ai en vue que d'établir la vérité.

Comment s'y est pris l'*expert ?* Quelle situation nous a-t-il faite ?

Vous savez qu'on accuse Mirès d'avoir gagné, par les *exécutions*, 3,800,000 francs *,* somme qui, après 1,300,000 francs de *réintégrations,* se réduit à 2,529,000 francs : 2,000,000 de francs pour la *Caisse générale des chemins de fer*, 529,000 francs pour Mirès. Vous allez voir comment l'auteur du *rapport* a procédé :

Il a pris pour guide le livre d'*entrées* et de *sorties*. Toutes les fois qu'un *titre* entrait dans la maison Mirès, ou qu'il en sortait, on l'inscrivait par mesure d'ordre.

Exemple :

La dame Dombasle remet à la Caisse 25 *actions*, dites *Lyon-Méditerranée*. L'entrée de ces 25 *titres* est marquée au *Livre d'entrées et de sorties*. Après la loi qui séparait les deux compagnies du Chemin de fer de Paris à Lyon et de Lyon à la Méditerranée, vient une autre loi qui permet leur réunion : elle s'opère. Chaque *action Lyon-Méditerranée* est transformée en deux *actions* nouvelles.

Qu'a-t-il fallu faire ? Échanger les 25 *Lyon-Méditerranée* contre 50 des nouvelles *actions*. On a donc tiré de la Caisse Mirès les 25 *actions* Lyon-Méditerranée, pour les y remplacer par 50 *actions Lyon-fusion*. La

sortie des 25 *actions* anciennes fut inscrite au *Livre
d'entrées et de sorties*, avec cette mention : 50 *Lyon-
fusionnés.*

Là-dessus, qu'a fait l'*expert?* Il a prétendu que, ce
ce jour-là, ces 50 *actions* avaient été *vendues* parce
qu'elles étaient *sorties;*

Il a aussi affirmé qu'elles avaient été vendues
1,280 francs chacune, parce que le prix des *Lyon* était,
ce jour-là, 1,280 francs, et notez bien que le prix de
l'*action*, dite *Lyon-fusionné,* n'était que de 820 francs.

Ainsi, d'un seul coup d'œil, les 50 *actions Lyon* sont
regardées par l'*expert* comme vendues, et au prix
de 1,280 francs, tandis qu'elles étaient simplement
sorties de la maison, et qu'elles ne valaient pas plus de
820 francs chacune.

Ce seul exemple pourrait donner à la Cour une
idée de l'*expertise.* Je lui en citerai un second seulement, pour ne pas fatiguer son attention : j'ai, d'ailleurs, fait imprimer tout cela dans les conclusions.

Le 21 juillet 1857, M. Dreyfus remet à la Caisse 50
Autrichiens.

Vous savez que tous les *titres* de même nature,
étaient renfermés dans la même caisse; que, si, par
exemple, la Caisse possédait 10,000 *actions* de chemins de fer Autrichiens, ces *titres* avaient, au fur et à
mesure de leur entrée, été placés ensemble. Était-
il ou n'était-il pas permis d'agir ainsi? Nous examine-
rons cela plus tard.

M. Dreyfus, disais-je, apporte, le 21 juillet 1857,

1.

50 *Autrichiens.* Du 21 juillet au 4 août, la Caisse a reçu très-peu de ces *titres*; partant, ceux de M. Dreyfus devaient se trouver tout en haut de la liasse. Le 4 août, M. Derode, client de la Caisse, fait demander, par M. Gide, agent de change, 50 *Autrichiens :* le préposé ouvre la caisse, met la main sur les 50, déposés par M. Dreyfus, le 21 juillet, et les donne à M. Gide, qui en tient compte à M. Derode. Ces *titres* ne sont pas vendus. M. Derode avait déposé 50 *Autrichiens :* il nous les redemande, nous lui remettons, non pas précisément les mêmes *titres*, les mêmes papiers, mais ceux de M. Dreyfus, qui sont équivalents. Plus tard, M. Dreyfus réclamant ses 50 *Autrichiens*, on lui rend 50 *Autrichiens*, et tout est dit.

Le 10 novembre 1858 et le 19 janvier 1859, M. Dreyfus apporte encore, en deux fois, 50 *Autrichiens.* La Société en est donc débitrice ; mais cette remise de *titres* n'a rien de commun avec la précédente. Que fait l'expert ? Il ne s'inquiète pas des 50 derniers *Autrichiens*, donnés par Dreyfus, le 15 novembre et le 19 janvier ; il se reporte aux *Autrichiens* remis par Dreyfus, le 21 juillet 1857 ; il voit que, le 4 août, ces 50 numéros d'*actions* ont été donnés à M. Derode, et, comme ils sont sortis, en effet, il les déclare vendus. Le cours du jour étant de 676 francs 25 centimes, l'*expert* porte les valeurs Dreyfus comme vendues à ce prix. Mais, pas de vente faite ; puisque, d'une part, les 50 *Autrichiens*, remis à la Caisse par **Dreyfus**, avaient été donnés à M. Derode, et que, d'au-

tre part, 50 *Autrichiens* étaient remis, le 17 avril 1858,
à M. Dreyfus lui-même, qui venait les redemander. On
ne lui remettait pas, il est vrai, des *titres* marqués des
mêmes numéros, mais on lui rendait 50 *Autrichiens*,
qui ne valaient ni plus, ni moins que 50 autres, et qu'il
acceptait tout naturellement.

Cette affaire a fait trop de bruit : on assurait de
toutes parts que l'on voulait éterniser la procédure.
Le *Moniteur* lui-même a cru devoir répondre, par un
communiqué à ces *on-dit* alarmants.

Alors, vous le comprenez bien, les magistrats instruc-
teurs ont dû presser l'*expert* de finir son travail, et
celui-ci, ne pouvant entrer dans tous les détails, voit
précipitamment un livre d'*entrées* et de *sorties*, au
moyen duquel il se met à expliquer les *exécutions*.

C'est le prix de cette prétendue vente de *titres* qui
va former tout juste la somme de 2,529,000 francs
de bénéfice ! Comment l'*expert* est-il arrivé à ces résultats? En considérant, je le répète, les *titres sortis*
comme vendus, et en fixant le prix de leur vente au
cours du jour même de leur sortie.

Si, au lieu de prendre le jour de la sortie pour le
jour de la vente, il avait fait les recherches nécessaires,
l'expert serait arrivé à reconnaître que, non-seulement
il n'y avait pas eu de bénéfice, mais qu'il y avait perte,
et perte considérable, à ces *exécutions*. C'est de là pourtant qu'on veut faire ressortir une violation de *nantissement*, partant un délit d'escroquerie !

Voilà un premier point nettement posé.

Le second chef d'accusation, c'était le principal, se trouve un peu affaibli : je veux parler de la vente et du rachat des actions de la Caisse, alternativement opérés par la Caisse Mirès.

L'expert, et, d'après lui, les premiers juges, déclarent que Mirès et Solar, en jetant 21,000 *titres* d'*actions* sur la place, ont produit une grande baisse de prix, et qu'ils ont profité ensuite de cette baisse pour racheter les valeurs de leurs clients, à leur profit, en gagnant 2,553,000 fr.

La preuve, s'il vous plaît ! la preuve ! Ce que vous dites-là n'est qu'une allégation. Quand Mirès a vendu les *actions*, c'était, le dénonciateur Pontalba lui-même le déclare, c'était pour le salut de la Société, non pour son propre intérêt ; il a, d'ailleurs, mis tant de précautions, que les prix, d'abord portés à 405 francs, n'ont jamais été au-dessous de 372 francs, c'est-à-dire que les *actions* n'ont baissé que de 33 francs : il les a si peu jetées sur la place, qu'il a mis treize mois à les vendre.

Et, d'un autre côté, Mirès les a rachetées, ces *actions*, non pas durant la baisse, mais plus d'une année après ; non pas quand les événements politiques avaient fait tomber l'*action* à 150 francs, mais quand elle était remontée à 300 et à 390 francs.

Ainsi, nous n'avons rien gagné à la première opération ; rien gagné à la seconde. Sans doute le gain ne dépendant pas de notre volonté, on pourrait nous dire : « Tant pis pour vous, si vous n'avez pas gagné, quand vous auriez pu le faire ! » Mais, d'une part, il n'y avait, ni dans l'une, ni dans l'autre, aucun intérêt personnel pour les gérants, ce que l'expert se garde bien de reconnaître, ni aucun bénéfice à faire par la Société, ce que l'expert ne veut pas voir ; d'autre part, il s'agit notamment, d'apprécier l'expertise, qui trouve ces bénéfices énormes ; or, il y a eu perte sur les deux opérations : nous n'avons gagné ni 2,500,000 francs, les *réintégrations* faites, ni 2,553,000 francs sur les actions de la Caisse ; au contraire, la Société a perdu sur les exécutions une somme importante ; et, sur la vente et le rachat des Caisses, elle a perdu soit 63,000 francs, soit 600,000 francs, soit 1,200,000 francs, d'après le calcul des personnes légalement chargées de la liquidation de nos affaires, selon que l'opération a porté sur 21,000, ou 25,000, ou 29,000 actions.

Tels sont les principaux points de l'expertise sur lesquels je voulais appeler l'attention de la Cour.

Elle pensera, comme nous, qu'il ne lui est pas possible de se livrer à l'examen de cette cause, sans ordonner au préalable une nouvelle *expertise*. Comment établir autrement ce qui impliquerait l'escroquerie ? Comment, ce qui impliquerait l'abus de confiance ?

Oui, nous demandons une *expertise* nouvelle ; nous la sollicitons par cette raison toute simple que vous devez juger Mirès comme Mirès doit être jugé ! Nous voulons que vous mettiez en lumière sa vie de banquier, déjà tant attaquée, et dont il veut démontrer la loyauté constante.

Est-ce à dire que l'*expertise* déjà faite, et que nous réprouvons, doive être absolument considérée comme une œuvre d'iniquité ? Expliquons-nous :

Il y a deux sortes d'*instruction* : l'*instruction* écrite, ou secrète, et l'*instruction* orale ou publique.

Quiconque a suivi cette affaire, dès le début, a, certes, pu voir ce que c'est que l'*instruction* publique, et reconnaître avec quel soin, avec quelle intelligence, les débats sont dirigés ici.

Mais, avant l'*instruction* orale, il y a l'*instruction* écrite, à laquelle le prévenu n'a pas été appelé. Le magistrat instructeur et le ministère public n'ont qu'un but : la découverte du délit. Or, si l'auteur du *rapport* ne dit pas un mot favorable au prévenu ; s'il se borne, au contraire, à dire ce qui lui paraît fortifier l'accusation ; nous n'avons pas trop à le blâmer, après tout : il faudrait briser la procédure elle-même, c'est-à-dire la loi, et, devant la loi, nous ne savons que nous incliner, nous, son organe ; vous, ses ministres.

Quand le juge d'instruction a recherché tout ce qui semblait appuyer la prévention élevée contre Mirès, et accueilli tout ce qui est de nature à le faire tomber sous le coup de la loi criminelle ; le juge d'instruction n'a fait que son devoir, comme l'auteur du *rapport*...

Que résulte-t-il de cela ? La procédure écrite, nous n'avons pas besoin de la connaître, si l'on n'en use pas contre nous ; si l'on veut s'en servir, on doit d'abord nous en donner connaissance. C'est ainsi que l'on nous a communiqué le *rapport*. Nous avons, dès lors, le droit de le discuter, de faire voir ses côtés faibles, d'en relever les erreurs. Ce *rapport* accuse Mirès ; Mirès dit aux magistrats : « Comme je n'ai pas assisté à « ce qui s'est fait, je n'ai pu donner mes explications. « Écoutez-moi d'abord ; vous me jugerez après ! »

Si, malgré ces raisons, la Cour gardait la conviction que le *rapport* est une œuvre inattaquable, je serais obligé de lui dire qu'il en est du *rapport* comme de telle autre pièce, comme des paroles d'un témoin dont j'aurais à contester la déposition. Votre conscience, Messieurs, vos lumières vous diront la valeur de ce *rapport*, qui a fait illusion aux premiers juges : il n'est précisément pour moi ni la montagne *en mal d'enfant*, ni la souris dont elle accouche. — C'est seulement un travail fait dans l'intérêt exclusif de l'accusation.

L'*expertise*, dont nous demandons la révision avec une légitime insistance, a porté à Mirès un immense préjudice en le dénonçant comme escroc, pour une somme de plus de 2 millions de francs; comme voleur d'une somme de plus de 2,500,000 fr. Ce n'est pas le débat judiciaire, c'est l'*expertise* qui a fourni la première, je puis dire la seule donnée de cette double imputation.

A présent, Messieurs, que vous savez où en est la *prévention*, où en est la *défense*, nous sommes en droit de vous dire : « La prévention manque tellement de solidité, qu'elle vous rend un acquittement et une condamnation également impossibles. »

Vienne l'*expertise* nouvelle que je sollicite, vienne la lumière sur ce que l'expert a dénaturé, et quand il sera prouvé qu'il y a perte et non bénéfice, vous conviendrez qu'il est impossible de nè pas acquitter Mirès.

Pouvez-vous refuser une nouvelle *expertise* à ce prisonnier qui vous dit : « Je préfère la captivité, qui n'est pas douce, à une liberté obtenue sans justification ? » Ce qu'il vous demande, c'est de chercher à relever l'erreur qui l'a fait condamner.

La justice humaine, Messieurs, est la vivante image de la justice divine; mais, Dieu sait d'avance nos fautes, et vous en cherchez les preuves! Dieu est instruit, vous voulez vous instruire.

Je demande à la Cour un *arrêt d'instruction*.

M. LE PRÉSIDENT. — La parole est à M. l'avocat général.

M. BARBIER, avocat général. — Nous ne sommes pas étonnés de voir se produire devant la Cour une tactique habile et toute nouvelle.

Mirès, si l'on en croit les paroles que vous avez entendues, comparaît devant vous pour faire juger un procès qui, à l'heure présente, ne serait pas instruit et dont l'instruction n'aurait commencé qu'aux pieds de la Cour.

Aussi, Messieurs, il vous demande de ne tenir aucun compte de l'instruction écrite, et surtout de déchirer le document grave et important qui s'appelle l'expertise.

Il a consigné cette demande dans des conclusions

très-volumineuses, qui viennent pour la première fois de passer sous vos yeux.

Peut-être aurions-nous pu espérer en être avisés plus tôt; mais peu importe!

Me Crémieux. — Cela ne pouvait pas se faire.

M. l'avocat général. — Voilà une considération personnelle, et je la laisse complétement de côté.

M. l'avocat général défend l'ensemble du travail de l'expert Monginot, sans contester « quelques erreurs » qui peuvent s'y trouver : « Dans un travail de cette nature il était impossible qu'il n'y en eût pas. »

M. l'avocat général prie la Cour de réserver son opinion sur les conclusions de Me Crémieux ; d'entendre la suite des débats, après avoir refusé l'arrêt d'instruction, qui lui est préjudiciellement demandé et de joindre l'incident au fond.

Me Crémieux :

Si en effet la Cour pouvait juger la cause sans avoir préalablement ordonné une nouvelle *expertise*, j'adopterais avec empressement le système proposé par le ministère public. Que M. l'avocat général me permette une réflexion, qui fera disparaître immédiatement un des grands motifs de ce débat.

Sans *expertise* nouvelle, impossible de décider qu'il y ait eu des sommes détournées par Mirès : vous ne prouverez pas un bénéfice quelconque pour la *Caisse générale des chemins de fer*, soit dans la vente et le rachat des actions, soit dans l'affaire des *exécutions*.

C'est l'*expertise*, seule, qui invente les sommes ga-
gnées. Écartez l'*expertise* : où trouverez-vous la preuve
que Mirès ait tiré le moindre profit des *exécutions*?
Ce chef d'accusation détruit, il resterait la *violation
de dépôt*, le *détournement* des actions. Mais le prétendu bénéfice sur l'achat et la vente ne se trouve aussi
que dans l'*expertise*. Avec une grande habileté de rédaction, le jugement a relégué au second plan cette partie
de la prévention, il a mis en première ligne les *exécutions*. Le mot seul était quelque chose d'épouvantable ;
mais enfin sur ce point même, le jugement porte, d'a-
près l'*expertise*, que l'on avait fait les ventes à bas
prix, pour racheter ensuite avantageusement ; qu'on a
gagné plus de 2 millions. Mais c'est l'*expert*, l'*expert*
seul qui a dit cela.

Cette odieuse accusation sur les deux chefs principaux ne s'appuie que sur des erreurs.

Cette *expertise* même vous ne la voulez plus aujour-
d'hui...

M. L'AVOCAT GÉNÉRAL. — Nous la voulons.

Me CRÉMIEUX. — La voulez-vous, ou ne la voulez-
vous pas?

M. L'AVOCAT GÉNÉRAL. — Nous nous sommes suffisamment expliqués, Me Crémieux.

Me CRÉMIEUX. — Je suis plus que personne habitué
à votre Joyauté ; mais vous dites à la Cour : « Entendez
d'abord toute l'affaire!... »

Je ne puis pourtant discuter l'affaire sans discuter en premier lieu l'*expertise*. Je démontrerai que cette *expertise* est sans exactitude. J'ai déjà prouvé dans mes *conclusions* que votre *rapport* fourmille d'erreurs. Mais ce rapport, vous ne voulez pas qu'on y touche. Pourtant quand même le premier *expert* de l'univers serait appelé à donner son avis, il pourrait se tromper. Nous sommes tous faillibles. Or, je le demande, y a-t-il quelque chose qui prouve mieux que ceci l'erreur de l'*expert*? Il veut contrôler les achats et les ventes, pour voir si Mirès a gagné ou perdu. Comment s'y prend-il? Il affirme que telle vente a eu lieu tel jour; et, pour le prouver, il prend mon livre de comptes de famille, au lieu de prendre le livre de commerce que la loi m'ordonne de tenir. Lorsqu'on le lui présente, ce livre de commerce, il refuse de le consulter : pourquoi? parce qu'il est impatient de finir son travail.

Messieurs, dans une affaire ordinaire, il vous arrive souvent de joindre un incident au fond de la cause, pour rendre sur le tout un seul et même arrêt. Mais, lorsque j'aurai plaidé le fond aujourd'hui, lorsque le ministère public aura répondu demain, et que j'aurai moi-même répliqué après-demain; quand vous aurez tout entendu; accueillerez-vous ma demande préalable, qui consiste à faire détruire le *rapport* de l'*expert* au moyen d'une nouvelle *expertise* par vous ordonnée? Il serait trop tard. Si vous croyez possible de continuer l'affaire; si vous êtes assurés de la sincérité, de l'infaillibilité du premier *expert* : à la bonne heure, mais, en vérité, ce n'est pas possible.

Je ne veux porter dans ce débat aucune aigreur, aucune récrimination. Mes premières entrevues avec Mirès se sont passées à le calmer, à le rendre tel qu'il comparaît devant vous. Je lui ai dit vingt fois, cent fois, qu'il trouverait ici une bienveillance absolue ; que tout ce qu'on pouvait dire au dehors de la nécessité d'une condamnation, de l'impossibilité d'un acquittement, n'était qu'un vain bavardage dont l'écho n'arrivait pas jusqu'à cette enceinte ; que vous vouliez savoir toute la vérité. Mirès m'a compris ; il a été frappé ensuite de la bienveillance que l'on a mise à l'interroger. Mais, comptant sur votre équité, il sollicite une nouvelle *expertise*, qui vous éclairera ; il veut des *experts* qu'il puisse exactement renseigner.

Que gagnerions-nous à une *expertise* nouvelle, dont le résultat pourrait seulement rester douteux ? L'impossibilité de plaider. D'un autre côté, quelle que soit l'habileté du ministère public, tous ses efforts suffiront-ils à maintenir le *rapport* de l'*expert* ? Encore une fois, l'affaire n'est pas ordinaire ; elle vaut bien la peine que vous ordonniez une nouvelle *expertise*.

Plût à Dieu que nous fussions admis dans la chambre du conseil, à vous expliquer chacune de ces affaires, chiffre à chiffre ! Mais il y aurait à cela presqu'impossibilité, et la loi vous permet, en pareil cas, de confier à des hommes compétents le travail que vous ne pouvez faire vous-mêmes.

Pourquoi Mirès vous demande-t-il d'ordonner une nouvelle *expertise*? Parce que la première s'est faite sans lui, malgré lui, contre lui. Il vous supplie, au nom de son honneur si cruellement attaqué, de sa liberté, que vous lui rendrez plus tard! Sans doute, si vous déclariez à présent que, rien n'étant prouvé contre lui, il faut l'acquitter, il serait très-heureux; très-heureux, je n'en fais pas mystère; il ne le cache pas. Demandez-lui pourtant ce qu'il préfère : un acquittement aujourd'hui ou un arrêt rendu beaucoup plus tard, après une nouvelle *expertise*? Il vous répondra qu'il opte pour cette dernière condition, parce que la nouvelle *expertise* lui sera favorable; parce que l'honneur lui sera rendu ainsi avec la liberté, et qu'il pourra revenir au milieu des siens, en s'écriant : « On m'avait accusé, condamné sur une expertise pleine d'erreurs; devant une preuve éclatante un éclatant acquittement proclame mon innocence. »

M. LE PRÉSIDENT. — La Cour va délibérer.

La Cour se retire dans la chambre du conseil, à midi un quart.

L'audience est reprise, à midi trois quarts.

M. LE PRÉSIDENT. — La Cour joint l'incident au fond, pour être ultérieurement statué sur le tout.

Me Crémieux, vous avez la parole pour plaider sur le fond.

Me CRÉMIEUX :

Messieurs,

Pour bien juger le prévenu dans une affaire de cette importance, il faut absolument ne pas le considérer comme un homme isolé ; il faut le prendre dans la situation même où il a été mis par l'accusation.

Chaque époque est marquée d'un cachet particulier. Je ne sais pas jusqu'à quel point il nous est permis de trouver notre siècle pire que tel autre, et de blâmer le présent en louant le passé. Peut-être ceux qui ont longuement vécu aiment-ils mieux se souvenir, parce qu'il ne leur reste plus beaucoup à espérer. Pourtant, la société est à peu près toujours la même. Nous sommes hommes ; nos pères l'étaient ; nos enfants le deviendront.

Examinons les choses humaines comme elles doivent être examinées : considérer la société telle qu'elle est, ce n'est pas l'attaquer ou la détruire ; et vous, qui avez souvent le pouvoir de la diriger, vous devez la connaître mieux que personne d'entre nous. Cependant l'affaire que vous êtes appelés à juger est, permettez-moi de vous le dire, une de celles que vous connaissez le moins. Nous aussi, pour la connaître, nous avons été obligé de l'étudier profondément.

Ce n'est pas d'aujourd'hui que date la fureur des jeux de Bourse. Je me rappelle encore que, dans les premiers temps de notre jeunesse, de cette belle jeunesse qui s'enfuit si vite, une loi fut présentée par M. de Villèle, loi qui autorisait les *petits grands-livres* dans les départements. C'est là le commencement, l'inauguration des jeux de Bourse. Il y avait, nous disait-on, une bonne pensée dans cette loi-Villèle : en n'obligeant pas la province à venir apporter à Paris ses ordres d'achats de rentes, on rendait ces achats beaucoup plus faciles ; et, rien n'est meilleur, ajoutait-on, que les petites fortunes attirées dans les rentes sur l'Etat : on rattache ainsi les intérêts de tous à ceux du Gouvernement.

Le point de vue avait peut-être son importance ; mais l'idée financière devint bientôt quelque chose de déplorable : elle donna la pensée du jeu.

J'arrive à des souvenirs plus récents, aux dernières années du règne de Louis-Philippe : Nous vîmes alors un moment de grande agitation et une incroyable fureur pour le jeu. 1844, 1845, 1846, 1847 furent, à cet égard, des années funestes. La magistrature intervint.

Je n'ai pas besoin de rappeler les arrêts qu'elle rendit.

Pendant les premiers jours de la Révolution de février, la Bourse fut fermée. Quand on la rouvrit, les agents de change fixèrent le cours des valeurs en liquidation à un chiffre de fantaisie. Ce fut là une violente atteinte portée aux fortunes privées.

1852 : Oh! alors la passion du jeu n'a plus de frein ; la Bourse devient le rendez-vous général ; il semble que chacun favorise cette détestable manie, et, jusqu'en 1858 elle a des emportements qui rappellent certains excès du dernier siècle. Vous avez encore contenu, Messieurs, cette frénésie, mais elle a été plus forte que votre autorité.

En 1858, une autre idée a germé : aux spéculations de la Bourse succède le trafic sur les immeubles : maintenant on ne rêve plus que terrains et constructions, jusqu'à ce que l'on fasse revenir le public à la Bourse, en vue de quelque indispensable *emprunt*.

En 1858, il y eut un mouvement qui effraya les grands spéculateurs sur les valeurs mobilières : Le Gouvernement ne voulut plus laisser coter à la Bourse ni telles *actions*, ni telles *obligations* étrangères, dans le cas où les *actions* n'avaient pas été préalablement libérées, de la première à la dernière. Puis, on voulut réduire, par un impôt, la population flottante de la Bourse. Les valeurs mobilières furent ensuite également imposées.

La grande, la terrible affaire de nos derniers temps fut l'expulsion de la Bourse de ces hommes, qui y avaient une situation parfois plus importante que celle des agents de change. J'ai nommé les *coulissiers*, les *coulissiers* que j'ai défendus devant vous, et qui donnaient, d'ailleurs, une si grande impulsion à ce qu'on nomme le crédit public.

Au milieu de ce désordre, se sont signalées quelques intelligences financières, quelques hommes audacieux et inventifs, qui laisseront un nom et une forte empreinte. Si je disais, à ce propos, que Mirès est la résultante animée des idées, des intérêts et des passions de ce temps ; je dirais vrai, peut-être. C'est ainsi que je demande à la Cour de l'envisager.

Je ne sais si elle se souvient des grandes idées, des immenses spéculations, des sociétés formées, des nouvelles valeurs jetées de toutes parts sur la place,—quelle différence en quelques années! Lorsqu'avant 1848 nous osions parler à la Chambre des députés de permettre à la Banque de France des *coupures* de 200, de 300, de 400 francs, un cri général s'élevait : nos hommes d'État ne pouvaient comprendre que l'on émît des billets au-dessous de 500 francs. Il n'y a pas longtemps, qu'à cinquante kilomètres de Paris on ne connaissait pas le billet de banque.

Maintenant, dans le dernier coin de notre pays, tout le monde le connaît ; tout le monde reçoit ce billet de 100 francs, créé par le gouvernement de 1848, et qui est devenu une monnaie nationale, si commode et si courante!

Depuis 1848, quel changement! Nous vîmes apparaître coup sur coup une multitude d'établissements : A côté de la *Banque de France*, le *Crédit foncier* ; à côté du *Crédit foncier*, le *Crédit mobilier* ; à côté du *Crédit mobilier*, les *Comptoirs d'escompte*, les *Sous-Comptoirs d'escompte* ; les *Sous-Comptoirs de chemins de fer*, la *Société industrielle*. Toutes ces institutions ont, vous le savez, des règles particulières, qui ne concordent pas précisément avec la loi, mais qu'il faut accepter, puisqu'elles vivifient à la fois le crédit du gouvernement et le crédit du commerce.

2

Un homme, sorti des rangs inférieurs de la société, frappé de tout ce qui se passait autour de lui, suivit, — mais pour tenter de le dominer, — le mouvement qui emportait tant d'autres audacieux ; il fonda une immense institution : la *Caisse générale des Chemins de fer*, destinée à soutenir le crédit public. On le vit successivement, cet homme, diriger seul cette *Caisse générale des chemins de fer*, fonder la *Société de Portes-et-Sénéchas*, celle *des Hauts-Fourneaux* ; la *Société des Gaz de Marseille*, celle *des Ports de Marseille;* la *Société des chemins de fer romains;* celle *du chemin de fer de Pampelune à Sarragosse;* la *Société pour l'Emprunt espagnol*, enfin l'*Emprunt ottoman*.

Si ce hardi financier, qui, en six ans, a fait tant de choses, s'est trompé, il faut lui tendre la main; il mérite au moins votre bienveillance ! S'il avait péché, et tout vous prouve qu'il n'eut jamais aucune mauvaise pensée, il fallait le traiter avec douceur et modération ; car au moment même où nous parlons, toutes ses créations sont vivantes; elles ont résisté au coup terrible dont il est lui-même frappé. Oui, la récompense de tout ce qu'il a fait c'est la réussite pour les autres, c'est la ruine et la honte pour lui; la flétrissure pour les siens. Quelle condamnation, grand Dieu ! et dans quelles circonstances !

On dit que la justice est égale pour tous : nous la connaissons cette égalité ! Si vous traitez un homme, qui a vécu dans le plus haut monde, comme on traite un prévenu qui vit dans la société la plus obscure :

où sera l'égalité? Le premier se trouvera mille fois plus cruellement atteint que le second. Ceci soit dit sans infirmer la grande doctrine de l'égalité devant la loi. Pour qu'il y ait égalité de peine, il faut qu'il y ait d'abord parité de valeur, parité d'importance entre deux prévenus.

Ce n'est pas moi qui dis cela ; c'est Bentham qui l'affirme :

« La loi et la morale ont bien le même centre ; « mais non la même circonférence. »

Quelle était la situation de Mirès ? Il avait, disais-je, créé la *Caisse générale des chemins de fer*, qui, au nombre de ses opérations (et j'en parle tout d'abord, là est le premier point de la discussion), faisait des avances d'argent sur des valeurs diverses; et certes, Mirès n'était pas le seul à agir ainsi. Que d'institutions pareilles à la sienne! La *Banque de France*, le *Crédit foncier*, — que je mets à part; — puis : le *Comptoir d'escompte*, le *Sous-Comptoir des chemins de fer*, la *Compagnie industrielle* et la *Compagnie générale du commerce et de l'industrie*, prêtaient sur *titres*. Et remarquez bien, Messieurs, que la banque n'est que le mouvement perpétuel des fonds, la mobilisation continuelle des capitaux. Une banque, qui s'aviserait d'immobiliser ses capitaux, ne serait plus une banque. Comment s'y prennent, pour prêter sur des valeurs diverses, tous les établissements financiers? Un individu, désirant emprunter 10,000 francs, apporte des valeurs en garantie. Au moment où les 10,000 francs lui sont comptés, on lui donne un reçu où ces valeurs laissées en garantie se trouvent mentionnées en détail et numérotées ; en même temps, on fait souscrire à l'emprunteur un billet à ordre, billet qui le soumet à la juridiction commerciale. On a donc exigé de lui deux titres :

1° Celui qui représente les 10,000 francs ;

2° Le billet à ordre, qui reste également dans les mains de la Société.

Ce n'est pas tout : l'emprunteur signe un écrit, qui donne le droit à la Société de faire vendre ses titres, c'est-à-dire de l'*exécuter*, — c'est là le mot consacré, — s'il ne rembourse pas à l'époque fixée.

Ainsi, il est bien entendu qu'à l'instant même où je viens d'emprunter les 10,000 francs, je donne non-seulement un *titre* en garantie, mais encore *un billet à ordre*, immédiatement négociable. Pourquoi? Parce que le banquier ne peut pas abandonner son argent d'une manière absolue et qu'il doit toujours le remplacer par une valeur négociable, qui fait rentrer son capital dans ses mains.

Il prête à 4 0/0, je suppose : voulez-vous que le banquier reste avec ces 4 0/0, et qu'il laisse dormir les valeurs, par lui reçues en garantie? Une banque, qui ne tirerait aucun parti des valeurs qu'on lui remet ainsi, serait perdue.

Voici donc ce qu'elle fait : elle reçoit les *billets à*

ordre, en perçoit les *intérêts* et ensuite va remettre à la Banque de France ces mêmes billets sur lesquels elle a pris ses 4 0/0. Ensuite, elle prête ce même argent à un autre client. La banque, c'est donc le mouvement perpétuel des capitaux. Une banque immobile est impossible; et le banquier, qui ne ferait pas circuler ses valeurs, ne serait qu'un prêteur sur gages. Remarquez-le bien : l'argent ne reste pas un instant sans activité : moi, banquier, j'ai le *titre* de l'emprunteur : avec son *titre*, j'ai encore son *billet à ordre* ; et, au moyen de ce billet, je vais retrouver de suite l'argent que je viens de donner et le prêter de nouveau, pour recommencer toujours.

Les nombreux établissements financiers dont je parlais recevaient aussi, sans faire d'avances, des *actions* en dépôt, moyennant un *droit de garde* : quand vous aviez porté vos *actions*, vous en retiriez un récépissé indiquant les numéros, les spécialisant, et vous aviez à payer, pour *droit de garde*, une somme convenue.

Il était important d'expliquer tout cela, pour bien faire comprendre cette affaire à tout le monde.

Voici donc ce qui se faisait à la Caisse Mirès : Le préposé recevait les *titres*, sans exiger des déposants de *billets à ordre* ; il recevait, je le répète, les *titres* seuls, et, sans autre garantie, il donnait l'argent. Mais ces *titres*, fallait-il donc les garder jusqu'à ce que la Société eût ainsi prêté les 50 millions formant tout le capital de sa caisse ? Avec ce capital, dès lors immobilisé, fallait-il attendre qu'on le remboursât ? Vous

2.

appelleriez cela faire la banque ! Il faudrait ignorer jusqu'au moindre principe financier pour croire possible pareille chose. Du moment où Mirès ne recevait pas de *droit de garde;* du moment où il n'exigeait pas de billet à ordre, doublant le *titre* laissé en garantie, il croyait pouvoir au moins user à son gré de ce *titre;* sauf à le restituer, le jour où réclamation lui en serait faite : il usait *du titre*, comme les autres établissements usaient *du billet à ordre, représentant le titre.*

Ainsi, M. Simon, par exemple, lui apportait 20 *actions* des chemins autrichiens, en lui demandant 6,000 francs d'avance :

Si l'*action* était nominative, on disait à M. Simon :

« Nous ne recevons pas de titre nominatif, à moins que vous ne nous donniez un transfert en blanc, ou, — ce qui est plus commode, — à moins que vous n'échangiez votre titre nominatif contre un titre au porteur. »

Si les 20 *Autrichiens* au porteur avaient les numéros de 1 à 20, on disait à M. Simon :

« Nous ne tenons pas compte de ces numéros; seulement, vous nous donnez 20 *Autrichiens*, nous vous rendrons 20 *Autrichiens*, et on lui donnait simplement un reçu en ces termes : « Reçu de M. Simon 20 *Autrichiens.* »

Puis, on lui ouvrait un compte courant, *crédité* de ces 20 actions, *débité* des 6,000 francs dont on lui avait fait l'avance. Voilà tout.

Pour Mirès, ses idées étaient tellement arrêtées à

cet égard, que les divers témoins ont déclaré qu'il ne doutait pas : il a cru agir selon son droit.

Avant de passer à un autre point, je redis à la Cour que, si Mirès eût gardé dans sa caisse les *titres* sans en tirer parti, jusqu'à ce que réclamation lui en fût faite, son capital eût été paralysé, puisqu'il n'avait pas, lui, *de billet à ordre* à négocier, à côté des titres à garder.

Ainsi donc a toujours pensé, a toujours fait **Mirès.** Les preuves ne manquent pas au procès : Nous en avons dans les dépositions ; nous en avons dans une foule de lettres.

Le 11 janvier 1858, Mirès écrivait à un de ses clients de Hombourg, qui lui demandait quels étaient les numéros de ses *actions :*

« Nous ne voyons pas l'utilité de donner les numéros des actions; cela nous mènerait trop loin. Si vous voulez vos titres, vous pouvez les retirer. Nous n'avons pas de distinction à faire entre des valeurs de même nature. »

Il écrivait à M. Lamy, de Clermont-Ferrand, le 10 février :

« Pour nous, les titres sont des billets de banque dont nous nous servons, sans faire de catégories. **Tout autre système** entraverait complétement la marche de nos affaires. »

A M. Gaucherot :

« Comme nous ne faisons des avances que sur des titres au porteur, nous vous prions de faire convertir immédiatement vos titres. »

C'est en ce sens qu'ont été faites toutes les opérations de la Caisse, pendant huit ans, sans que personne ait réclamé. Ce qu'il a entrepris pendant ces huit années est quelque chose d'immense : cela dépasse de beaucoup un milliard de francs. Personne ne s'est plaint, personne. On portait un *titre* : ce *titre*, sans numéro, était, aux yeux de Mirès, quelque chose comme un billet de banque. On venait redemander ce *titre* : on rendait, sinon le même, du moins un *titre* de même nature, équivalent, pris dans les liasses enfermées dans la caisse.

Voilà, je le répète, ce qui s'est fait pendant huit ans, sans exciter la moindre réclamation ; voilà ce que Mirès croyait inattaquable, puisqu'il agissait à la pleine lumière du jour ; puisque tous les individus qui avaient affaire à lui étaient traités de la même façon, et qu'il n'était venu à aucun d'entre eux l'idée de voir dans ce procédé quelque chose de répréhensible.

Tout à coup, au mois de décembre dernier, un événement inattendu bouleverse Mirès : ce n'étaient pas des clients qui se plaignaient ; c'est M. de Pontalba — il faut bien que je prononce son nom... j'y suis forcé ; je le ferai le moins souvent possible ; (*on rit*) — c'est M. de Pontalba, qui portait la consternation au sein même de la Société, dont il était non-seulement membre, et membre du conseil ; mais gérant, comme vous l'allez voir. Je dis cela aujourd'hui — on a jugé ; on a déclaré qu'il ne connaissait rien de ce qui se passait dans la Société ; on l'a acquitté, et il n'y a pas d'appel contre lui. — Eh bien ! M. Solar, dans la plus déplorable de toutes les situations, criblé de dettes, ayant dévoré sa fortune...

M. le Président. —Vous voulez dire M. de Pontalba, et non M. Solar?

Mᵉ Crémieux. — Pardon, Monsieur le Président, et que Solar me pardonne. Je ne voulais que le moins possible prononcer ce nom de *Pontalba*... et... j'en ai prononcé un autre.

M. le Président. — Prononcez-le, le moins que vous pourrez ; Pontalba est absent.

Mᵉ Crémieux. — Soyez tranquille, Monsieur le Président ; je ne dirai de l'homme que les choses nécessaires au débat.

Il s'est plaint ; et c'est sa seule plainte qui a amené le procès ; oui, sa seule plainte ! Vous allez voir, au contraire, que tous les clients de Mirès entendent soutenir Mirès, au lieu de l'accabler.

Il avait conçu la haine la plus violente contre Mirès : de cette seule manière s'explique sa plainte... je devrais dire sa délation.

Mᵐᵉ de Pontalba mère, voulant aider à liquider la situation financière de son fils, ne lui faisait que cette demande : « Voyagez deux ans ; et laissez-moi votre propriété de Mont-l'Evêque. »

Cette propriété est un majorat-baronie.

M. Mirès tenait également à la liquidation ; et voilà le motif de la violente animosité qui fermentait dans le cœur de celui qui l'a dénoncé. Voyez ce qu'il écrivait à Solar :

« Mirès m'a dit hier qu'il avait vu le notaire de ma mère. Ils s'entendent parfaitement ensemble, et ils travaillent pour arriver au même but, c'est-à-dire à ma ruine. Si Mirès réussissait, je le regretterais pour lui. Voici à peu près ce qu'il a osé me répéter de leur conversation : Ma mère se charge de marier ma fille et lui donne 200,000 francs de dot. Henri va au collège, Édouard a une position lucrative et honorable dans la maison Mirès, et ma femme et moi nous irions passer deux années en Amérique. Les voyages forment la jeunesse. Bien entendu qu'elle s'emparerait de Mont-l'Évêque, et qu'elle y vivrait heureuse et considérée, en recevant de temps en temps son complice Mirès, qui ne veut plus voir de roturiers, depuis qu'il a un prince pour gendre.

« Mon cher ami, tout cela est bien crispant, et il faut bien du courage pour rester calme ; enfin, je compte sur vous, et *nous aurons notre revanche.*

« Tout à vous.

« De Pontalba.

« Paris, 25 août 1860. »

Que je vous apprenne maintenant un fait significatif. Entre M. Solar et M. *de Pontalba* existait un traité, resté inconnu par une raison toute simple. Je rappellerai à la Cour que, lorsque Mirès a cru en finir avec son dénonciateur en lui payant une somme fabuleuse, — sacrifice qui n'a pas empêché l'affaire de suivre son cours, — le dénonciateur a voulu brûler tous les papiers, et que M. Mirès s'est écrié :

« Non ! ils ne seront pas brûlés ; je veux qu'ils restent, pour que l'on ne croie pas que je crains quelque chose... »

Les papiers sont restés ! *On* avait eu plus de précaution envers Solar : les papiers avaient été brûlés. Il en est pourtant resté un, ainsi conçu :

« Entre les soussignés (Solar et *Pontalba*),

« Il a été convenu ce qui suit :

« Lesdits soussignés ont été depuis plusieurs années en relations d'affaires et, notamment, *associés pour le partage des bénéfices attribués à la gérance de la Caisse générale des chemins de fer.* »

Le dénonciateur de Mirès n'était pas seulement membre du conseil de surveillance de la *Caisse générale des chemins de fer*; il était, vous le voyez, gérant, en même temps que Solar. Il n'ignorait donc rien de ce qui se passait ; et, c'eût été une chose bien grave que de prouver cela aux premiers juges.

Mirès croyait n'avoir qu'un cogérant : il en avait deux ; et, peut-être serait-il facile d'expliquer la con-

duite de Solar contre Mirès par la haine de cet associé
de *Solar*.

Toujours est-il, — on ne saurait trop l'affirmer, —
que c'est la plainte, portée par le dénonciateur, qui,
seule, a suscité le procès. Cette plainte n'indiquait pas
seulement, Messieurs, ce que vous avez à juger ; l'auteur
imputait, en outre, à Mirès des opérations, conduites
en vue d'attribuer illégitimement aux gérants 100, 200,
300,000 francs ; lui prêtait des altérations d'écritures
commerciales ; le montrait profitant seul des opérations
de Bourse, si elles étaient bonnes, les rejetant sur la
Société, si elles étaient mauvaises. Le réquisitoire re-
poussa ces inventions. C'était déjà quelque chose. Le
juge d'instruction ne s'arrêta pas davantage à la prévention de fraude, à propos des Ports de Marseille.

Le Tribunal condamna Mirès sur les chefs d'accusation que je rappelle :

1º Violation d'un contrat de *nantissement*, tentative
d'escroquerie et délit d'escroquerie, — pour avoir *exécuté* 333 clients ;

2º Abus de confiance et violation de dépôt dans la
vente et le rachat de 21,000 actions de la Caisse.

3º Abus de confiance et violation de mandat, —
pour avoir dissipé des deniers, à lui remis, dans un
but déterminé : pour acheter des *obligations* du chemin de fer de Pampelune.

4º Abus de confiance, pour détournement d'actions
de diverses valeurs.

5° Enfin, violation de la loi de 1856, pour avoir réparti quatre *dividendes* non acquis.

C'est sur ces mêmes chefs d'accusation, Messieurs, que vous avez à prononcer.

Je vais prendre le jugement, et j'examinerai chacune des questions dont vous êtes saisis.

Avant tout, laissez-moi vous dire que tous les actionnaires, ou du moins le plus grand nombre d'entre eux, sont fort sympathiques à Mirès. Ils voulaient intervenir ; mais je leur ai dit que l'intervention est impossible en matière correctionnelle : ils ne sont pas prévenus ; ils ne peuvent pas non plus se porter parties civiles, puisqu'ils sont, au contraire, animés du désir de soutenir Mirès. Alors j'ai reçu copie de la pétition par eux adressée à l'Empereur. Elle porte 480 signatures. D'autres signatures, en grand nombre, ont été données depuis, à l'issue d'une grande réunion d'actionnaires : tous me supplient de ne pas oublier qu'en défendant Mirès, je les défends. Le ministère public ne voit pas un seul de ces actionnaires, ruinés en même temps que Mirès, venir l'appuyer à cette audience. Pour la première fois, les actionnaires repoussent la prévention et soutiennent leur gérant ! Dévouement inouï devant leurs pertes !

Voilà un côté moral de la cause : j'étais bien aise de vous le montrer avant d'arriver à l'analyse des faits signalés dans le premier jugement.

J'appelle d'abord votre examen sur ce que l'on

3

nomme les *exécutions*. La Cour se souvient de mes observations sur la manière dont les *actions* étaient remises à M. Mirès : quiconque lui en livrait emportait en échange ce récépissé :

« Reçu de M. . . . . 25 *Autrichiens.* »
Ou bien : « Reçu de M. . . 50 *Crédit mobilier.* »

Rien de plus, rien de moins.

Un événement soudain effraya toutes les Sociétés à capitaux mobiliers :

Le 30 avril, à onze heures du matin, on apprenait la nouvelle du passage du Mincio par les Autrichiens. L'Empereur avait dit : « Pas un Autrichien ne restera sur le sol italien, des Alpes à l'Adriatique. » Un long murmure se fit entendre en Allemagne : c'était une menace de guerre européenne. L'Angleterre ne nous était pas favorable : tout ce qu'il y avait d'hommes politiques, — si tant est que l'on puisse être homme politique aujourd'hui, — se disait : « La coalition est à nos portes! « Les fonds publics baissaient; les valeurs de la Bourse tombaient; le Corps législatif votait 500 millions d'emprunt pour l'entrée en campagne.

Dans cette crise, les *actions* diverses qui étaient entre les mains de Mirès, ou qui devaient s'y trouver, ne représentaient plus les capitaux avancés aux clients. 333 clients lui avaient donné ces *titres*, qui, vu la *baisse*, n'étaient plus, à ses yeux, des garanties suffisantes.

Comme il paraissait évident qu'une de ces effroyables

baisses, appelées *débâcles*, allait arriver à la Bourse, il fallait que Mirès liquidât sans retard la situation de ses clients : leur intérêt et celui de la *Caisse générale des chemins de fer* exigeaient cette résolution.

On liquide à la Bourse de deux manières : ou volontairement, en payant ce qui s'appelle une *différence*; ou forcément, en subissant ce que l'on nomme une *exécution*, autrement dit la vente des *titres*.

Le 30 avril, première lettre du gérant aux clients :

« Je vends à la Bourse, aujourd'hui les valeurs diverses que j'ai entre les mains, et je joins le bordereau pour que vous sachiez à quel prix vous avez été vendu Si vous voulez rentrer dans vos valeurs à des prix meilleurs, c'est-à-dire à des prix plus bas, vous me trouverez disposé à vous rétablir dans votre situation. »

Et l'on vend les *titres* appartenant à ceux que l'on avertit ainsi.

Les 2 et 3 mai, la *baisse* devient plus sensible; on continue à écrire aux clients, et à les *exécuter*.

Voilà le fait. Je n'en ai rien caché, rien amoindri : Mirès a vendu les *actions*, croyant avoir plein droit de le faire.

Supposez qu'il eût ajouté ces mots :

« Dans quarante-huit heures, dans trois jours, je ferai vendre vos actions, si je n'ai pas une réponse de vous ! »

Y aurait-il délit?

Mirès, porteur des *actions*, prévoyant une *baisse* considérable, aurait écrit :

« Dans les circonstances actuelles, et en présence d'événements qui peuvent s'aggraver, il nous a paru prudent, pour vous comme pour les intérêts que nous représentons, de vendre à la Bourse les valeurs que nous avions à vous. Dans la prévision d'une baisse générale plus forte, veuillez nous adresser l'autorisation de vendre demain et de reprendre ces valeurs au mieux de vos intérêts. »

Qui donc eût songé à faire à Mirès le moindre reproche ?

Son délit serait donc de n'avoir pas mis ses clients en demeure avant l'*exécution* ?

S'il faut en croire l'*expertise*, cette *exécution* a produit 3,850,000 francs de bénéfice; mais, comme il a été fait des *réintégrations*, la somme se réduirait à 2,500,000 francs.

Je ne sais vraiment plus que vous dire ; mes *conclusions sur l'expertise* suffisent à prouver que le bénéfice n'existe pas. Au contraire, il y a eu perte de trois millions. Remarquez aussi que, le bénéfice existât-il, Mirès n'en eût pas profité : les 500,000 francs que l'*expert* lui fait gagner sur cette opération forment double emploi avec les 500,000 fr. qu'il lui fait gagner *sur la vente et le rachat des caisses*, qui donnent une perte de 1,200,000 francs.

L'*exécution* accomplie, la majorité des clients, selon l'usage, s'en est contentée.

Le 30 avril : *baisse*; le 2 mai : *baisse* nouvelle; le

3, le 4, le 5, le 6, le 7 : nouvelle *baisse*. En conséquence les ventes d'*actions*, faites le 30 avril,
le 2 et le 3 mai, étaient favorables aux clients. Et
si, comme on devait le prévoir, la *baisse*, au lieu
de cesser le 8 mai, et d'être suivie d'une *hausse*,
eût continué le 9 et les jours suivants, on n'aurait
pas eu, on n'aurait pas encore assez d'éloges pour
Mirès.

C'est donc parce que la *hausse* est revenue, après
une *baisse* de cinq jours, qu'il y a délit !

Sa situation se réduirait donc à ceci : il n'a pas
mis ses clients en demeure avant l'*exécution*; il a vendu
leurs *actions* à la *baisse*, et pourtant la *hausse* s'est
faite. Et qui l'a faite, cette *hausse ?* Ce n'est pas la *paix
de Villafranca.* On a eu tort de le prétendre. La paix
de Villafranca n'était signée que deux mois après. Mais,
nous sommes ainsi faits, nous, Français : au premier
signal de la guerre d'Italie, désespoir : « Comment!
nous allons nous battre encore! N'avions-nous pas
assez de la campagne de Crimée ? Si nous y avons gagné beaucoup de gloire, en avons-nous encore tant
besoin ? N'en sommes-nous pas rassasiés? On va chercher des lauriers en Italie pour y laisser de l'argent
et des hommes. »

Et les fonds publics baissent.

L'Empereur va se mettre à la tête des troupes : On
est parti pour l'Italie en chantant les exploits de nos
pères; c'en sera bientôt fait des Autrichiens. L'espé-

rance applaudit à de nouvelles victoires.... La *hausse* revient à la Bourse, le 9 mai... Ainsi, depuis le 30 avril jusqu'au 7 mai, *baisse*... chaque jour. A dater du 9, *reprise*.

Le 10, la *hausse* paraît sensible... elle continue... Certains cliens, qui se sont bien trouvés pendant huit jours d'avoir laissé vendre leurs *actions* à une *baisse* relativement avantageuse, déclarent devant la hausse qu'ils ne veulent plus subir le fait accompli; mais c'est le petit nombre.

A ceux qui s'étaient fâchés, tandis que la *baisse* durait encore, Mirès avait répondu : « Vous n'avez qu'une chose à faire : vous êtes contrariés de la vente d'hier ou d'avant-hier ? Allez à la Bourse : vous y trouverez les mêmes *actions* à 40 francs de moins. »

Le lendemain elles étaient à 50 francs de moins, le surlendemain à 60 francs de moins.

Je supplie la Cour, — il s'agit ici d'un délit, — je supplie la Cour de bien noter cette particularité : L'affaire a été faite avec la crainte que devaient donner à tout homme sensé, et la guerre partielle allumée et la triste prévision d'une guerre générale.

Si la *baisse* eût continué, la vente eût favorisé les intérêts de tous les clients. C'est donc la *hausse* inattendue qui serait tout le délit, toute la faute de Mirès.

A ces faits bien connus ajoutons ceci : Les mécontents qui voulurent liquider leur situation, c'est-à-dire payer les *différences*, étaient tous *réintégrés* dans leurs droits au mois de septembre 1859. Ceux qui ont demandé plus tard à l'être, l'ont été. Si tous n'ont pas eu le même sort, c'est à cause de l'arrestation de Mirès.

MM. Barbet-Devaux, Roger, Mallard, Avond ont témoigné de ce fait dont la portée est immense : Aussitôt qu'une réclamation s'élevait, elle était écoutée. MM. Barbet-Devaux et Mallard ont ajouté : « M. Mirès avait donné l'ordre de procéder immédiatement aux *réintégrations*. Cet ordre avait été donné une fois pour toutes. » Aussi, tout actionnaire *exécuté*, qui est venu directement et pacifiquement réclamer, a été *réintégré*. Mirès ayant été arrêté, *les réintégrations* ont cessé.

La situation est bien connue. Veuillez entendre, à présent, ce que les premiers juges ont dit pour établir l'escroquerie :

« Attendu qu'en 1856, 1857, 1858 et 1859, des clients de la *Caisse générale des chemins de fer*, au nombre de 333, ont remis à Mirès et à Solar, gérants de ladite Caisse, en nantissement d'avances à eux faites en compte courant, des titres au porteur, de nature et d'origine diverses ;

« Attendu que la majeure partie de ces titres a été vendue par les gérants, à des époques très-rapprochées de leur dation en nantissement, sans consentement ni mise en demeure des clients ;

« Que cette vente faite à de hauts cours, et qui a produit une somme de plus de 10 millions de francs, a été dissimulée aux clients, dont les gérants entretenaient l'erreur en leur envoyant, à des époques périodiques, le relevé de leurs comptes, dans lesquels on les débitait des intérêts des sommes avancées, en les créditant du produit des coupons afférents à des titres qui n'existaient plus dans la Caisse;

« Attendu qu'à la fin d'avril et au commencement de mai 1859 les événements politiques ayant produit une baisse considérable des valeurs de Bourse, Mirès et Solar ont eu la pensée, commune à l'un et à l'autre et exécutée par Mirès, de liquider frauduleusement leur situation à l'égard de leurs clients, en vendant fictivement, dans les bas cours, des titres qu'ils n'avaient plus en leur possession, puisqu'ils les avaient précédemment vendus réellement quand les cours étaient élevés;

« Attendu que, pour arriver à la réalisation de cette pensée, qui devait avoir pour résultat de libérer les gérants de tout ou partie de leurs obligations, et de les faire profiter de la différence entre les cours de la vente réelle et ceux de la vente fictive, Mirès a adressé, les 30 avril, 2 et 3 mai 1859, une lettre circulaire aux trois cent trente-trois clients qui avaient remis à la Caisse des titres en nantissement, pour les aviser qu'en présence des circonstances il avait paru prudent aux gérants de vendre ces titres à la Bourse du jour; qu'à cette lettre était joint un bordereau des titres, avec le prix de vente au cours du jour et l'indication du courtage perçu; et qu'en même temps, pour donner une apparence de réalité à cette exécution fictive, Mirès vendait, les 30 avril, 2 et 3 mai, toutes les valeurs prétendues exécutées, par l'intermédiaire d'un agent de change, à un de ses courtiers habituels, qui, le même jour, par une opération simulée, les revendait à Mirès;

« Attendu que les clients ont été trompés par cet ensemble de combinaisons, qui avaient pour but et pour résultat de leur persuader l'existence d'une vente fictive, et de leur en faire accepter les conséquences, en leur inspirant la crainte d'un événement chimérique, à savoir une baisse qui ne pouvait pas atteindre leurs valeurs, puisqu'elles n'existaient plus en la possession des gérants;

« Qu'en cet état de choses, les uns, restés créditeurs après la balance du montant de leur compte courant et du prix fictif des valeurs exécutées, ont touché le reliquat qui leur revenait et ont donné décharge; que d'autres, constitués débiteurs par cette balance, ont payé le montant de ce qu'ils devaient en apparence; que d'autres, enfin, ont accepté le règlement de compte résultant de l'exécution et continué leurs rapports avec la Caisse générale des chemins de fer;

« Attendu qu'il suit de là qu'en faisant usage de manœuvres frauduleuses pour faire croire à un événement chimérique, Mirès et Solar se sont fait remettre certaines sommes d'argent par divers, notamment par Ducros, par Danner, par Martin, par Tersouly, et des quittances, décharges et arrêtés de compte opérant obligation par le vicomte d'Aure, Courtois, la veuve Desprez, Delhaye, Petit-Jean et autres, et qu'ils ont ainsi escroqué tout ou partie de la fortune des susnommés;

« Attendu que certains clients ont protesté contre l'exécution, tout en la croyant réelle, mais en la considérant comme faite sans droit; que, parmi eux, les uns, par l'insistance de leurs réclamations et l'intimidation produite par leurs menaces, ont contraint les gérants à annuler l'exécution en ce qui les concernait et à les réintégrer dans leur situation antérieure; que les autres, constitués débiteurs par l'exécution, n'ont rien payé;

3.

« Qu'il suit de là qu'à leur égard, et notamment à l'égard de
Dreyfus, de Beauvais, de Lefort, de Thierry, Mirès et Solar ont
tenté de se faire remettre des fonds, quittances ou décharges, et
ont ainsi tenté d'escroquer tout ou partie de la fortune des susnommés. »

Ici finit la partie du jugement qui relève, dans la
conduite de Mirès, l'escroquerie et la tentative d'escroquerie.

D'abord, Messieurs, et pour ne pas entraver inutile-
ment le débat, il faut écarter la tentative d'escroquerie. C'est un point auquel je ne pense pas que la Cour
veuille même s'arrêter. Il est établi en jurisprudence
que, pour tenter l'escroquerie comme pour la commettre, il ne suffit pas d'essayer de se faire remettre
des valeurs ; il faut les avoir reçues.

Je ne crois pas que l'on conteste cette erreur incontestable du jugement.

Occupons-nous donc de l'accusation d'escroquerie
elle-même. — La défense disait au Tribunal : il ne saurait
y avoir d'escroquerie imputable à Mirès, sauf le cas où
les ventes antérieures à celles du 30 avril, du 2 et 3
mai, seraient illicites. Or, ces ventes antérieures sont
valables : Mirès pouvait les faire, à la seule condition
de rester, envers ses clients, débiteur des *titres*
vendus.

Les premiers juges ont réfuté l'argument; voici
comment ils s'expliquent :

« Attendu qu'on opposerait vainement que du contrat de
compte courant intervenu entre les gérants de la Caisse et les
clients, de la nature des titres remis en nantissement, résulterait le
droit pour les gérants de disposer de ces titres à leur profit, à la
charge seulement de restitution de ces titres ou de leur valeur le
jour de l'arrêté de compte ; d'où l'on conclurait que les gérants ont
pu vendre les titres, et que l'exécution du 30 avril et des 2 et 3
mai 1859 n'a été qu'un moyen irrégulier et violent, mais non délictueux, de régler le compte à faire entre la Caisse et ses clients ;

« Qu'en effet, il est de l'essence du contrat de nantissement que
le créancier nanti ne puisse disposer du gage autrement que de la
manière déterminée par la loi, qui interdit toutes stipulations
contraires ; que, sans doute, le créancier nanti qui dispose du
gage et en réalise irrégulièrement la valeur ne se rend pas coupable d'un délit, mais qu'il devient débiteur du produit de la réalisation ; et, si, plus tard, après avoir dissimulé cette réalisation,
il emploie des manœuvres frauduleuses pour obtenir le consentement du propriétaire du gage à une vente ou réalisation qui ne peut
plus avoir lieu, et pour obtenir par ce moyen un règlement de
compte dans des conditions favorables pour lui et préjudiciables
pour son débiteur, il commet un fait délictueux qui tombe sous
l'application de la loi pénale ; que la théorie qui sert de base à la
défense repose sur des pratiques subversives de toute règle et de
tout droit, et non moins contraires aux saines maximes d'une industrie et d'un commerce réguliers qu'à la morale et à la loi. »

A notre avis, les premiers juges se sont singulière-
ment mépris : on comprend cette erreur, quand on songe
que la question du *nantissement* est une de celles qui
ont été le plus vivement agitées devant les tribunaux.

Le Tribunal veut donc qu'il y ait là *nantissement*, et il raisonne de la sorte :

« Comme il y a nantissement, vous n'avez pas pu vendre une première fois ; car le nantissement a pour objet de laisser le propriétaire des titres en droit de revendiquer : le nantissement est un véritable dépôt.

« Or, comme vous avez reçu des valeurs en nantissement et que vous les avez vendues, vous les avez vendues pour le compte de celui qui a fait le nantissement, et quand vous lui avez écrit : « Je viens de vous vendre ! » — vous ne lui disiez pas la vérité. La différence entre le prix de la première vente et le prix de la seconde, vous la lui devez, et c'est par l'effet d'une manœuvre frauduleuse, ce n'est qu'en dissimulant la première vente faite par vous, que vous vous êtes fait régler le prix de la seconde vente. »

Mais cela n'est pas vrai ! La première vente, je vous défie de la prouver. Vous me signalez sept individus, auxquels vous prétendez que j'ai soustrait cette différence : il n'y a pas eu une première vente de leurs *titres ;* je vous défie encore de le prouver ; et il faut prouver les choses avant tout.

Non, vous ne pouvez, non, vous ne pourrez jamais me prouver aucune vente faite par Mirès pour Ducros, Danner, Martin, Tersouly, etc.

Et pourquoi ne prouverez-vous pas ? Parce que votre *expert* a fait fausse route... et que vous l'avez suivi... Étonnez-vous si je demande une nouvelle *expertise !* L'*expert*, je l'ai déjà dit avec insistance, a pris le

Livre d'entrées et de sorties; il a supposé que j'avais *vendu* les *titres* de mes clients, simplement inscrits comme *sortis* de chez moi.

Eh bien! je vous déclare que cela n'est pas vrai! Vous ne me jugez pas, sans doute, pour avoir vendu d'autres *titres* que ceux des clients auxquels, selon vous, j'aurais frauduleusement enlevé des quittances ou des *obligations* contenant *décharge*, et desquels enfin j'aurais exigé ce qui ne m'était pas dû! Or, s'il vous est impossible de me prouver une première vente de leurs *actions*, vous ne pouvez pas non plus me déclarer coupable du délit.

Et savez-vous encore pourquoi vous ne pouvez pas prouver que j'ai vendu *les titres des clients que vous désignez*? Parce que rien ne distingue *leurs titres* des autres titres. Je n'ai pas vendu leurs titres, tant qu'il y avait dans ma caisse des titres semblables.

Messieurs, il est beau d'avoir de la morale, et de se récrier contre tout ce qui, de prime abord, paraît la blesser; mais, ce que j'ai fait, la loi le permet; la jurisprudence le consacre. Cela n'est même plus chose discutable. Ne parlons pas ici le langage de la Bourse; j'y serais inhabile, et vous pas très-forts; parlons le langage du droit :

Vous prétendez qu'il y a dans mon fait un *nantissement*. Eh bien! non; il n'y en a pas!

Prenez le Code Napoléon : Pas de *nantissement*, sans la formalité qui le constitue, formalité indispensable, absolue.

Article 2073 du Code :

« Le gage confère au créancier le droit de se faire payer sur la chose qui en est l'objet, par privilége et par préférence aux autres créanciers. »

L'article suivant :

« Ce privilége n'a lieu qu'autant qu'il y a un acte public ou sous seing privé, dûment enregistré, contenant la déclaration de la somme due, ainsi *que l'espèce et la nature des choses* remises en gage, ou *un état annexé de leurs qualité, poids et mesure.* »

Cela signifie, n'est-ce pas? que toutes les fois que vous ne présenterez point un accord écrit, soit sous seing privé enregistré, soit un acte public, vous n'aurez pas de *nantissement*.

« Comment! dites-vous, il n'y a pas de *nantissement*, quand vous recevez 20 *actions* de chemins de fer sur lesquelles vous me faites une avance de 10,000 francs! » — Vous qui me donnez 20,000 francs sur mes *titres*, vous ne serez donc pas privilégié! Moi, qui vous donne mes *titres*, je n'aurai donc pas le droit de m'assurer qu'ils sont à chaque instant entre vos mains! » — Non, non; le *droit de revendication*, pour l'emprunteur, et le *privilége*, pour le créancier, n'existent, ne peuvent exister qu'en vertu d'un acte public ou d'un acte privé, enregistré.

La question s'est présentée à la Cour de cassation, en 1860 ; à la Cour de Rouen, au mois de février 1861 ; puis, à la Cour d'Amiens, au mois de mars 1861. Les trois arrêts rendus à ce sujet sont le dernier état de la jurisprudence. Vous en pèserez les termes, et vous resterez convaincus qu'entre Mirès et ses clients aucun acte de *nantissement* n'existe, ce qui va faire tomber une partie de la prévention.

L'affaire soumise à la Cour de cassation avait, bien autrement que la nôtre, le caractère d'un contrat de *nantissement*.

Voici comment la question fut posée devant la Cour de cassation :

« Les actions au porteur ne peuvent être données en gage ou en nantissement sans un acte écrit, conforme aux prescriptions des articles 2074 et 2075 du Code Napoléon. La simple tradition, qui suffit pour en transporter la propriété, ne suffit pas pour constituer le privilége du gagiste. »

Maintenant, voici le fait :

MM. Homberg font à M. Thurneyssen des avances d'argent, sur dépôt de 2,000 *actions au porteur*. Thurneyssen inscrit sur ses livres la remise qu'il a faite à Homberg de ces 2,000 *actions*. Homberg les inscrit également sur ses propres livres. Mirès, lui, donne un simple reçu au client qui traite avec lui ; client qui, de son côté, n'a pas de livres de commerce.

Après la faillite du sieur Thurneyssen, les syndics ont assigné les sieurs Homberg et Cⁱᵉ, à fin de voir prononcer la nullité du nantissement consenti à leur profit, pour inobservation des formalités prescrites par les articles 2074 et 2075 du Code Napoléon.

Le tribunal de commerce de la Seine, par un jugement du 21 octobre 1857, déclara le *nantissement* valable. Appel des syndics ; et, le 19 mai 1858, arrêt de la Cour impériale de Paris, confirmant la sentence des premiers juges. On arrive devant la Cour de cassation : Voici son arrêt :

« Vu les articles 2074 et 2075 du Code Napoléon : Attendu qu'il résulte, en fait, de l'arrêt attaqué, que les 2,000 actions au porteur de la stéarinerie de La Villette, revendiquées par les syndics de la faillite de Charles Thurneyssen contre Homberg et Cie, ont été remises de la main à la main par Charles Thurneyssen, antérieurement à sa faillite, à Homberg et Cie, non point pour transférer à ceux-ci la propriété desdites actions, *mais pour les garantir des avances par eux faites au premier, c'est-à-dire à titre de gage et de nantissement desdites avances.* »

Cela est écrit. On avait donné des actions à titre de gage et de *nantissement* ; l'arrêt de la Cour de Paris l'affirmait hautement.

Je continue de citer l'arrêt de la Cour de Cassation :

« Attendu dès lors, et en droit, que Homberg et Cie ne peuvent, pour repousser la demande en revendication desdites actions formée contre eux, invoquer l'article 35 du Code de commerce, aux termes duquel la *cession* d'un titre au porteur s'opère par la tradition de ce titre ; qu'ils ne pourraient repousser cette revendication, la remise des actions dont il s'agit ne leur ayant été faite qu'à titre de garantie, qu'en établissant que les conditions et formalités prescrites pour la validité du contrat de gage et de nantissement ont été remplies ;

« Attendu que, si l'article 2084 du Code Napoléon porte que les dispositions de ce Code sur le gage et le nantissement ne sont pas applicables aux matières de commerce à l'égard desquelles on suit les lois et règlements qui les concernent, la législation commerciale garde le silence sur la constitution du gage en valeurs au porteur ; que, dans ce silence, ces valeurs étant des meubles incorporels, sont régies, quant au gage, par le Code Napoléon, et qu'ainsi le gage et le privilége qui en est la conséquence ne peuvent exister sur ces valeurs que par l'accomplissement des formalités établies par les articles 2074 et 2075 du Code Napoléon ;

« Attendu que ces formalités n'ont point été remplies dans l'espèce ; qu'il suit de là que l'arrêt attaqué, en déclarant que la remise des actions au porteur en litige, opérée manuellement et sans acte écrit et enregistré, a constitué un nantissement valable sur ces valeurs au profit de Homberg et Cie, et, en rejetant, par ce motif, la demande en remise et rétablissement desdites valeurs dans la caisse de la faillite Thurneyssen, a faussement appliqué l'article 35 du Code de commerce, et expressément violé les articles 2074 et 2075 du Code Napoléon, — Casse, etc. »

C'est vous, Messieurs, dont l'arrêt a été cassé ; c'est votre arrêt que le jugement actuel fait revivre... Sans doute je ne puis blâmer qui que ce soit de préférer un arrêt de cette Cour à un arrêt de la Cour de cassation, ou un arrêt de la Cour de cassation à votre arrêt ; mais, si la Cour de cassation pense ce que je viens de lire, ce pauvre Mirès pouvait bien le penser aussi ;

et il me semble que l'on ne peut guère le traiter d'escroc, pour avoir été du même avis que la Cour de cassation.

A la suite de cet arrêt, se trouve dans Sirey une magnifique thèse de M. Massé, qui ne veut absolument pas admettre le principe de la Cour suprême. J'ai là deux grandes pages en colonnes serrées. De très-beaux arguments y font une guerre implacable à la Cour de cassation. Que M. le Président Massé, *quem honoris causâ nomino*, me pardonne de l'avoir cité ! C'est une belle théorie que la sienne... Seulement, elle n'est pas bonne, quoiqu'il l'ait consacrée dans le jugement.

L'affaire Thurneyssen, Homberg et Cie avait été renvoyée devant la Cour de Rouen. L'arrêt fut rendu au mois de janvier 1861. La Cour de Rouen adopta la doctrine de la Cour de cassation. Voyez Sirey, 2e volume de 1861, 2e partie, p. 207.

N'oublions pas de dire que *l'arrêtiste* nous renvoie à la note, dont il a fait suivre l'arrêt de la Cour de cassation, et à l'opinion de M. Massé, qui persiste à dire qu'il y a *nantissement* là où la Cour de cassation et la Cour de Rouen n'entendent pas qu'il y en ait. Très-bien ! C'est l'opinion du jurisconsulte ; mais, hélas ! Le juge l'appliquera.

Au mois de mars 1861, — c'est d'hier, — la Cour d'Amiens a jugé une affaire semblable : Il s'agissait d'un *titre* nominatif de dix *actions* portant ces mots :

« *Transféré pour garantie.* » La Cour d'Amiens décida
que :

« Des actions industrielles, alors même qu'elles sont transférables par voie d'endossement (il n'est pas possible d'aller plus
loin), ne peuvent être données en gage ou nantissement, sans l'observation des formalités établies par les articles 2074 et 2075 du
Code Napoléon, autrement dit sans un acte écrit, enregistré et
signifié. Le simple endossement, suffisant pour en transporter la
propriété, ne suffit pas pour constituer le privilége du gagiste. »

Voici l'arrêt de la Cour d'Amiens :

« Considérant qu'il est constant et reconnu entre les parties
que les actions industrielles endossées par Flament au profit de
Scribe, le 3 juillet 1859, ne lui ont été remises qu'à titre de gage
pour avances faites et à faire, et non de transmission de propriété ; que cela résulte de tous les documents de la cause, notamment de la correspondance et de l'acte de production par
Scribe à la faillite de Flament, déclarée le 1er octobre et reportée
au 1er septembre 1859, où Scribe a demandé à n'être inscrit que
pour mémoire, comme étant nanti d'un gage, conformément à
l'article 546 du Code de commerce ;

« Qu'il faut donc appliquer à la cause des règles du nantissement, et rechercher si, en matière de commerce, des actions industrielles, transférables par voie d'endossement, peuvent être
données en gage sans l'observation des formalités des articles 2074 et 2075 du Code Napoléon ;

« Considérant que l'article 2084 renvoie à la loi commerciale
pour les règles qui doivent régir le nantissement commercial,
mais qu'on ne trouve dans le Code de commerce, publié posté-
rieurement au Code Napoléon, aucune disposition qui excepte le
nantissement commercial des formes du droit commun, si ce n'est

dans l'article 93 relatif aux marchandises expédiées de place en place, sur lesquelles le concessionnaire à la disposition duquel elles se trouvent a privilége pour ses frais et avances;

« Qu'après avoir établi cette exception, l'article 95 renvoie, pour tous les autres prêts et avances sur marchandises déposées à mains du prêteur, aux dispositions du Code Napoléon sur le nantissement;

« Qu'en vain objecterait-on que l'article 95 ne doit s'appliquer qu'aux meubles corporels, et non pas aux meubles incorporels, tels que des actions industrielles au porteur, ou des actions nominatives susceptibles d'endossement;

« Que, dans le silence du Code de commerce sur le nantissement desdites valeurs, l'argument tiré de l'article 95 a une grande autorité; qu'on ne saurait prétendre que le Code de commerce ait parlé sur la matière du nantissement dans les articles 35, 136 et 137; qu'en effet l'article 35, en disant que la cession des titres au porteur s'opère par la tradition du titre, et les articles 136 et 137, en disant que la propriété des lettres de change et des billets à ordre se transmet par la voie de l'endossement, ne s'applique qu'au transport de la propriété desdits effets, et non aux transferts des titres de gage;

« Que l'on conçoit que le législateur commercial ait voulu être plus sévère pour les formalités du gage, qui prête plus à la fraude, que pour celles du transfert de la propriété, et qu'en conséquence il ait entendu se référer pour le premier aux formalités du droit commun, aux prescriptions rigoureuses du Code Napoléon, qui, en l'absence d'une loi spéciale dérogatoire, doit être appliqué comme loi générale sur la matière,

« Infirme, etc. »

Est-ce clair ? Voilà un arrêt de la Cour de cassation, un arrêt de la Cour de Rouen, saisie du renvoi, un arrêt de la Cour d'Amiens, saisie d'une question semblable, qui ont décidé, en 1860 et 1861, que, pour qu'il y ait *nantissement*, il faut qu'il y ait un acte public ou un acte sous seing privé, enregistré ; que, sans cela, il peut y avoir translation de propriété ; mais, pas de *nantissement*.

Au bas de l'arrêt de la Cour d'Amiens se trouve cette petite annotation :

« Voilà l'état présent de la jurisprudence; voyez pourtant la note que nous avons mise au-dessous de l'arrêt rendu par la Cour de cassation. »

Le docte Président, que j'avais l'honneur de citer tout à l'heure, ne se rend pas encore.

Il est au Tribunal ; Mirès comparaît devant lui. Le jugement rendu contre Mirès porte ces mots :

« Qu'il y a un acte de nantissement dans la remise des valeurs qui lui a été faite par ses clients. »

Cela n'est plus admissible en droit. S'il est quelque chose qui soit désormais incontestable, à moins qu'on ne veuille faire des procès à plaisir, c'est ce principe : Pour qu'il y ait *nantissement*, il faut qu'il y ait dépôt de valeurs par acte public ou par acte privé, enregistré. »

Et remarquez, je vous prie, que, le *nantissement* n'existant pas, le *privilége* n'existe pas : le créancier que vous dites *nanti* n'a pas plus de droit sur le prétendu gage que tout autre créancier : on peut saisir-arrêter en ses mains le prétendu gage; on a le droit d'en faire ordonner la vente, du produit de laquelle il prendra sa part *au marc le franc*, et voilà tout. C'est pourquoi, dans la faillite Thurneyssen, Homberg a subi le sort commun à tout créancier ordinaire, et rapporté à la *masse*, pour être partagées entre tous les créanciers, les 2,000 *actions* au porteur qu'il avait en main, mais dont il n'était pas nanti.

Et le client qui a remis *le titre* pourra-t-il invoquer le nantissement? Quel est le droit que le contrat de *nantissement* lui confère? un droit réel, qui autorise la revendication. Comment voulez-vous que le client de la Caisse Mirès revendique ce qu'il appelle son *titre*? Il n'a pas de titre légal ; nulle convention ne désigne le titre, ne le spécialise. C'est la double prescription écrite ouvertement dans l'article 2074 du Code Napoléon.

En continuant mes recherches sur le *nantissement*, je me suis encore arrêté à l'article 2078 ainsi conçu :

« Le créancier ne peut, à défaut de payement, disposer du gage, sauf à lui à faire ordonner en justice que ce gage lui demeurera en payement et jusqu'à due concurrence, d'après une estimation faite par experts, ou qu'il sera vendu aux enchères. »

Cela ne peut être applicable à notre affaire. Comment voulez-vous faire estimer par *expert* des *actions*, cotées à la Bourse ! Comment voulez-vous les mettre aux enchères ?

Voilà, Messieurs, la question du *nantissement*, voici comment je la résume dans mes *conclusions :*

« Attendu, au fond, que le procès présente à juger, sur 1 premier chef, la question d'escroquerie et la tentative d'escroquerie ;

« Sur le second, le troisième et le quatrième chefs, la question d'abus de confiance ;

« Sur le cinquième chef, la question de distribution, au moyen d'inventaires frauduleux, en 1857, 1858, 1859 et 1860, de dividendes non réellement acquis ;

« Attendu, sur le premier chef, que la condamnation pour escroquerie et tentative d'escroquerie repose sur les manœuvres frauduleuses qui auraient fait naître la crainte d'un événement chimérique, et au moyen desquelles Mirès se serait fait remettre ou aurait tenté de se faire remettre des titres ou des sommes d'argent ;

« Attendu que, pour admettre la prévention telle que le jugement l'a formulée, il faut admettre, avant tout, que, si la vente a eu lieu de 1857 à 1858, elle a dû être nécessairement opérée pour le compte du client, c'est-à-dire que cette première vente ne pouvait pas être faite légalement pour le compte de la Caisse, et qu'en la faisant Mirès savait qu'il agissait illégalement ;

« Qu'en effet, si la première vente *a été légalement faite pour le compte de la Caisse*, ou (*ce qui est la même chose en matière criminelle*) si Mirès *a cru de bonne foi qu'elle pouvait être faite légalement pour le compte de la Caisse*, l'annonce de la seconde vente, même quand cette vente n'aurait été que fictive, ne pouvait constituer aucune manœuvre frauduleuse ;

« Qu'il faut donc examiner, avant tout, ce dont le Tribunal ne s'est pas suffisamment préoccupé, quelle est, en droit, la conséquence de la première vente quant au client de la Caisse, en d'autres termes, quels étaient les droits et les obligations du client de la Caisse et des gérants depuis le jour où se formait le contrat jusqu'au jour du règlement ;

« Attendu que le jugement pose en principe :

« 1º Que le contrat entre le gérant et le client de la Caisse était, aux termes des articles 2071 et 2072 du Code Napoléon, un contrat de nantissement d'effets mobiliers, c'est-à-dire un contrat de gage ;

« 2º Que le gage, aux termes de l'article 2079, restant, jusqu'à son retrait, la propriété du débiteur qui l'a remis, toute vente du gage a été faite pour son compte et doit lui profiter ;

« Attendu que ces deux propositions sont l'une et l'autre éga-

lement erronées; que le contrat entre le gérant de la Caisse générale n'est pas un nantissement; que la vente de l'objet remis
en vertu de ce contrat, s'il est vendu avant l'époque où il doit
être restitué, n'est pas nécessairement faite pour le compte du
client; qu'elle ne peut, au contraire, ni lui profiter ni lui nuire;

« Attendu que, pour démontrer l'erreur de la double thèse
adoptée par le jugement, il faut d'abord rechercher dans la loi
même les caractères du contrat de nantissement; qu'il sera facile
de se convaincre qu'aucun de ces caractères n'existe dans la
convention arrêtée entre le client et la Caisse, et que c'est seulement parce que, dans le contrat de nantissement comme dans
la convention entre le client et la Caisse, la chose mobilière remise serait une sûreté pour la dette, que le jugement, par une
grave erreur de droit, les a confondus;

« Attendu qu'aucune des dispositions de la loi relative au gage
ne peut s'appliquer à la convention actuelle, ni en la forme, ni
au fond;

« *En la forme :*

« Attendu que le nantissement ou gage, c'est-à-dire le privilége pour la créance, ne peut exister, aux termes de l'article 2074
du Code Napoléon, que lorsqu'il est constaté par un acte public
ou par un acte privé dûment enregistré; que, sans cette constatation, le privilége n'existe pas pour le créancier, c'est-à-dire que
la convention de nantissement ou de gage consiste dans le contrat seul, ou public, ou privé, mais enregistré;

« Attendu que la non-application de cette disposition essentielle et constitutive du contrat de gage à la convention qui s'é-

4

tablit entre le client et la Caisse suffit pour ôter à la convention le caractère de nantissement ;

« *Au fond :*

« Attendu : 1e, que l'article 2073 confère au créancier gagiste le droit de se faire payer sur le gage par privilége et préférence aux autres créanciers, mais que le créancier ne devient pas créancier gagiste, c'est-à-dire *privilégié et préféré aux autres créanciers,* par cela seul que la chose mobilière lui est remise, qu'il faut encore et *nécessairement* le contrat authentique ou privé avec enregistrement ; qu'ainsi tout créancier peut faire saisir-arrêter, aux mains du gérant de la Caisse, les titres qu'elle a reçus, et prendre sa part proportionnelle sur le montant des valeurs saisies, sur lesquelles tous les créanciers ont des droits égaux à ceux de la Caisse, non nantie par un titre authentique ou enregistré ; que le bénéfice de l'article 2073 ne s'attache donc pas à la convention ; que ces principes sont désormais consacrés par le dernier état de la jurisprudence (Cassation, 19 juin 1860 ; Sirey, 1860, 1re partie, 689; Rouen, 24 janvier 1861 ; Sirey, 1861, 2e partie, 207 ; Amiens, 2 mars 1861 ; Sirey, 1861, 2e partie, p. 158) ;

« Attendu, 2o, que l'article 2078 ne peut davantage s'appliquer à la convention, l'estimation par experts ne pouvant être réclamée pour fixer le prix d'une valeur cotée à la Bourse et la vente aux enchères ordonnée par justice étant inadmissible, puisque c'est le prix coté à la Bourse qui est le prix réel de l'action ;

« Attendu, 3o, qu'un caractère essentiel du nantissement, c'est qu'il est un contrat réel, laissant, en conséquence, au débiteur gagiste, le droit de revendiquer le gage qui lui appartient, tel qu'il l'a remis, tel qu'il est individuellement spécifié dans le contrat ; mais attendu que la convention produite détruit toute idée de nantissement; que le simple reçu qui la constate ne déclare pas autre chose que le nombre des valeurs remises sans numéro, sans désignation qui en détermine l'individualité, qui permette de les reconnaître ;

« Attendu que, sans cette double preuve d'une constatation par acte public ou privé enregistré et d'une désignation précise de l'objet mobilier, il ne saurait y avoir nantissement, c'est-à-dire privilége pour le créancier ; que, le droit résultant du privilége ne pouvant être invoqué par le créancier, il est hors de doute que le débiteur ne peut réclamer contre lui aucune obligation corrélative. »

Rappelons encore, en finissant sur ce point, les termes de l'article 2074 :

« Ce privilége n'a lieu qu'autant qu'il y a un acte public ou sous seing privé, dûment enregistré, contenant la déclaration de la somme due, ainsi que l'espèce et la nature des choses remises en gage, ou un état annexé de leurs qualités, poids et mesures. »

Ici point d'acte public, point d'acte privé enregistré ; ici point de spécialité, point d'état. Ni vous qui remettez le titre, ni moi qui donne l'argent, n'avons rien de ce qui constitue le privilége, de ce qui donne droit à la revendication : et le jugement déclare que je viole la morale, que je renverse les principes de l'ordre public et de la probité commerciale !

Qu'ai-je donc fait? J'ai, dites-vous, vendu des objets qui m'avaient été donnés en gage? Mais, il n'y a pas eu d'acte de *nantissement* entre vous, qui m'avez remis ces valeurs, et moi, qui les ai reçues. Vous n'aviez pas de contrat qui vous donnât le droit de les revendiquer contre tous, je n'en avais pas qui me donnât le droit de les conserver contre tous. D'après notre contrat, vous devez me rapporter ce que vous me devez; et moi, je dois vous rendre, non pas vos mêmes *actions*, puisque rien ne les fait connaître, ni à vous, ni à moi; mais des *actions* pareilles, d'une valeur égale. Les premiers juges, qui ont absolument voulu voir un *nantissement* dans notre convention, ajoutent :

« Qu'il est de l'essence du contrat de nantissement que le créancier nanti ne puisse disposer du gage autrement que de la manière déterminée par la loi, qui interdit toutes stipulations contraires. »

Oui, *mais il faut que le créancier soit légalement nanti.*

Mais si la remise du titre contre des avances suffit pour créer ce droit spécial, permettez-moi de vous répéter une chose essentielle : La *Banque*, le *Crédit foncier*, les *Comptoirs*, les *Sous-Comptoirs d'Escompte*, les *Sous-Comptoirs de Chemins de fer*, se font faire un écrit qui porte qu'à défaut de payement, ils auront le droit de vendre. Prétendriez-vous que la loi interdit cette condition ? Je le comprends ; mais chaque temps a ses mœurs, et les mœurs font la loi. Direz-vous aux administrateurs de la *Banque de France* et du *Crédit foncier* qu'ils n'ont pas le droit de vendre les titres qu'ils ont reçus, comme nous les avions reçus nous-mêmes ? Encore une fois la loi interdit cette stipulation ; mais les usages de ce que vous appelez le *crédit public* le permettent, l'exigent. Il faut bien être magistrat, avocat ; mais il faut être aussi homme de son temps. Nous ne pouvons pas nous traîner à jamais sur telle loi, antérieure d'un demi-siècle à notre époque, et qui n'a pas même songé à ce qui fait l'objet de notre débat.

Des *actions au porteur !..* Qui connaissait donc cela, en 1803 et en 1804, quand parut le Code Napoléon ? L'Empereur, discutant au conseil d'Etat la question des mines, disait : « On prétend que les personnes qui ont les mines d'Anzin y ont dépensé jusqu'à 6 millions ! » Six millions ! Cela fit tressaillir tous les conseillers d'État. Qu'est-ce que 6 millions aujourd'hui, je vous le demande ? Pareille somme n'est-elle pas vite enfouie dans la première opération venue? A cette époque-là, c'était un prodige qu'une *action;* on ne l'appelait pas même une *action*, on nommait cela *denier, intérêt.* Nous allons voir tout à l'heure ce que c'est qu'une *action* aujourd'hui ; et, cette fois, Messieurs, j'invoquerai un des meilleurs arrêts que vous ayez rendus. Je ne dis pas le meilleur ; le choix me serait difficile.

4.

J'ai prouvé que le *nantissement* n'existe pas.

Mais, il peut y avoir une question de *dépôt*, en vertu de l'article 2079, qui porte ces mots :

« Jusqu'à l'expropriation, le débiteur reste propriétaire du gage, qui n'est, dans la main du créancier, qu'un dépôt, assurant le privilége de celui-ci. »

Bien que la question de *dépôt* semble plus particulièrement impliquée dans la seconde partie de ce procès, qui concerne les *actions*, j'ai voulu la traiter ici tout d'abord : comme il s'agit d'escroquerie, je ne veux pas qu'il vous reste la moindre hésitation. Si la Caisse a reçu un *dépôt*; si, dans la première vente, Mirès a violé ce *dépôt*; pas d'escroquerie, il est vrai, mais abus de confiance; sauf la question d'intention, résultant de l'intérêt social à sauvegarder. Le délit se trouverait alors dans le fait de la première vente des *actions*, consommé par le prévenu, qui en aurait été *dépositaire*. L'annonce de la seconde vente n'eût été que le complément et la dissimulation de ce délit dont il se trouvait déjà coupable.

On m'accordera bien cela : l'accusation d'escroquerie se change dès lors en une prévention d'*abus de confiance*.

Mais la convention entre la Société et ses clients manque aussi de tous les caractères du *dépôt*.

Qu'est-ce qu'un *dépôt*? Un *dépôt* a pour objet la

garde de telle valeur ou de telle chose. Ici, le but de la convention n'est pas la garde d'une chose déposée ; c'est un emprunt. Le prétendu déposant venant trouver le banquier, lui dit : « Donnez-moi de l'argent, et voilà un titre ou plusieurs titres. » Alors ce n'est pas un *dépôt*. Il faudrait, pour que ce fût un *dépôt*, que la garde des valeurs déposées fût l'objet du contrat. Ce n'est pas, dis-je, un *dépôt ;* c'est un contrat d'un autre genre :

« *Depositum est quod custodiendum alicui datum est solâ custodiâ, sine ullâ utilitate accipientis.* »

Ici je n'ai pas besoin d'invoquer l'autorité de tous les jurisconsultes, soit anciens, soit modernes ; laissez-moi seulement citer deux de nos maîtres, Cujas et Barthole. Cujas dit :

« *Rem meam custodias et mihi possideas.* »

Tous les deux vous déclarent que, lorsqu'il s'agit de *dépôt*, il faut bien examiner la nature et l'origine de l'acte :

« *Unius cujusque contractûs initium spectandum est et causa,* » disait la loi romaine. C'est l'intention des contractants qu'il faut consulter en cela, et, s'il y a difficulté à le faire, il faut se décider par ce qui domine dans la convention. C'est ce que Barthole exprime ainsi :

« *Potius inducitur informatio.* »

Dans la cause, où trouve-t-on ce caractère du *dépôt* ? C'est un emprunt.

Un second caractère du *dépôt* (art. 1932 du Code Napoléon), c'est que le dépositaire soit tenu de rendre intégralement la chose déposée. Exigez-vous absolument que Mirès restitue positivement le *même morceau de papier* qui lui a été remis ? Alors, ce papier, ce *titre d'action*, sera marqué, précisé, individualisé ; vous aurez, par exemple, *déposé* des *actions* nominatives ; la désignation est alors dans le nom du déposant, nom qui ne permet pas d'erreur. Ces *actions* sont-elles *au porteur* ? Alors, elles ont leurs numéros, qui les font reconnaître. Mais, il n'en était pas ainsi ; c'est tout le contraire qui avait lieu : On REFUSAIT LES ACTIONS NOMINATIVES ; on NE VOULAIT PAS TENIR COMPTE DES NUMÉROS ; on se bornait à signer ce récépissé au client :

« *Reçu 25 actions de chemins de fer Autrichiens.* »

Et l'on rendait 25 *actions* de chemins de fer Autrichiens, sans se demander, que le client lui demandât si c'étaient les mêmes titres.

Le second trait, qui caractérise un *dépôt*, je ne le trouve donc pas ici.

Le troisième : pas davantage. L'art. 1932 veut que l'objet déposé soit rendu, sans augmentation, ni diminution de valeur. Mais les *actions au porteur* sont toujours soumises à des variations de Bourse, au lieu d'avoir une valeur fixe. Il faut les rendre, quand il le faut, voilà tout ; quelle que soit, ce jour-là, la *cote* de leur valeur.

Mais , voici qui renverse toute idée de *dépôt :* je suppose que la Caisse vienne de recevoir d'un client 25 *actions* de chemins de fer Autrichiens : ces *titres* périssent dans une incendie de bureaux. Arrive celui qui les a apportés, et qui les réclame. Le gérant ne peut pas lui répondre : » Vos *titres* sont brûlés ; » il faut qu'il les lui rende. Il subit la conséquence de n'avoir pas préalablement voulu tenir compte du numéro que portait chacune de ces *actions.* Dans ce cas, l'objet a péri pour le dépositaire, et non pas pour le déposant.

Enfin, il y a dans le *dépôt,* comme dans le *nantissement,* un caractère essentiel ; c'est un contrat réel , donnant droit à la revendication. Ici, je reprends ce que je disais tout à l'heure à propos du *nantissement :* Vos *titres* ne sont ni spécifiés, ni désignés. En quoi donc faites-vous consister le *dépôt,* partant le droit de revendication ? Qu'avez-vous livré à la Caisse Mirès ? Vingt-cinq *Autrichiens.* Vous les aviez présentés en forme de *titres* nominatifs : elle les a refusés ; elle n'a voulu accepter que des *titres au porteur.* Vous lui avez ensuite présenté des *titres au porteur,* numérotés, elle n'a pas consenti à les recevoir , marqués de numéros.

Vraiment, Messieurs, c'en est trop sur cette double

question de droit. Le *nantissement* et le *dépôt* dispa-
raissent de la cause.

Que me parlez-vous donc ici d'escroquerie et d'abus
de confiance ?

Je mets sous les yeux de la Cour mes conclusions
relatives à cette partie du procès :

« Attendu que l'article 2079 disant que le nantissement n'est
qu'un dépôt assurant le gage du créancier, il est opportun
d'examiner si la convention produite ne serait pas un dépôt
dont la violation tomberait sous l'application de la loi pénale
relative à l'abus de confiance ;

« Attendu, en effet, que le délit serait alors dans la première
vente, par laquelle Mirès aurait commis un abus de confiance
en vendant des titres dont il aurait été dépositaire, l'annonce de
la seconde vente n'étant que le complément et la dissimulation
du délit commis par la première ;

« Mais, attendu que la convention manque également de tous
les caractères de dépôt proprement dit ;

« Attendu, en effet :

« 1° Que le dépôt a principalement pour objet la garde de la
chose déposée ; qu'ici le principal objet de la convention est
l'emprunt fait par le client à la Caisse ;

« 2° Qu'aux termes de l'article 1932, le dépositaire doit rendre identiquement la chose même qu'il a reçue ; qu'ici l'identité est impossible dans la restitution, puisque l'individualité n'est pas constatée dans la remise ; qu'au contraire, la convention a soin de l'abolir en supprimant les numéros des actions et toute désignation qui pourrait la signaler ;

« 3° Que le dépôt non-seulement doit être identique lors de la restitution, mais encore qu'aux termes du même article 1932, il doit être restitué sans augmentation ni diminution de valeur ; qu'ici, au contraire, la chose est presque toujours rendue soit avec augmentation, soit avec diminution de valeur ;

« 4° Que le dépôt périt pour le déposant ; qu'ici, l'individualité de la chose remise n'existant pas, les actions périraient évidemment pour la Caisse ;

« 5° Que le dépôt, comme le nantissement, qui n'est qu'une espèce de dépôt, est un contrat réel, laissant, en conséquence, au dépositaire le droit de revendication de l'objet déposé qui lui appartient ; mais qu'ici, au contraire, toute revendication de l'objet même devient impossible, l'objet remis étant un nombre quelconque d'actions sans désignation précise, qui ne laisse aucun droit spécial de revendication ;

« Attendu, en résumé, que le nantissement et le dépôt ne peuvent résulter que de la déclaration de l'objet remis en nantissement ou en dépôt, spécifiant et signalant l'objet, de manière à ce que l'identité puisse être constatée, et que le privilége puisse s'exercer et la revendication se former ; que la convention produite exclut tout ce qui pourrait constituer le dépôt ou le nantissement et que la Caisse rejette tous les caractères de l'un et de l'autre contrats ; qu'en effet elle se refuse à recevoir des titres nominatifs, à moins qu'ils ne soient accompagnés d'un transfert en blanc ; qu'à défaut de transfert en blanc, elle exige que les titres nominatifs soient remplacés par des titres au porteur ; qu'aux titres numérotés elle supprime, dans le reçu qu'elle en donne, le numéro qui les individualise, ne donnant reçu que de la quantité (et la quantité, c'est l'abolition du dépôt) ;

« Attendu que la convention n'étant ni un nantissement ni un dépôt, il y a lieu, pour rejeter définitivement du procès les chefs relatifs à l'escroquerie et à l'abus de confiance par la violation du dépôt, de préciser la nature de la convention. »

Voici maintenant, Messieurs, un autre aspect de la cause. La convention entre Mirès et ses clients n'étant ni un nantissement, ni un dépôt, qu'est-elle ?

Cette fois, Messieurs, veuillez me permettre de vous lire encore quelques lignes de mes conclusions ; elles n'ont pas besoin de développements :

« Attendu que cette convention est, sans aucun doute, un *contrat de compte courant*, non-seulement par sa nature, mais encore par l'exécution qu'elle reçoit

« *Par sa nature :*

« Attendu, en effet, que la convention consiste dans cette double opération :

« Le client reçoit une somme d'argent de la Caisse qui l'en débite et qui, par conséquent, s'en trouve créditée ;

« Le client remet une certaine quantité d'actions à la Caisse, qui l'en crédite, et qui, par conséquent, s'en trouve débitée;

« Attendu que ce qui constitue le compte courant, c'est tout justement le crédit et le débit ouverts à chacune des parties con-tractantes, crédit et débit qui se balancent définitivement au jour du règlement; qu'ainsi, par sa nature, la convention entre le client et la Caisse est un *contrat de compte courant;*

« *Par l'exécution qu'elle reçoit :*

« Attendu, en effet, que, d'un accord commun, elle se réduit à un simple reçu du nombre des titres, sans désignation spé-ciale, sans numéros; que le compte ouvert au client ne se com-pose au crédit que du nombre des titres; qu'à chaque semestre le compte courant est balancé par compte d'intérêts au débit du client, par compte de revenus-coupons à son crédit, et qu'il re-prend de nouveau ses errements de compte, jusqu'au jour du règlement ou de la balance définitive;

« Qu'ainsi le *compte courant* seul est la convention entre le client et le gérant de la Caisse. »

Voyez quel espace j'ai parcouru « *en trois sauts,* » comme Neptune! Il n'y a pas de nantissement; il n'y a pas de dépôt; il y a simplement un compte courant, et, dès lors, il ne s'agit plus que de préciser, entre la Caisse et ses clients, les conditions du compte courant.

5

Consultons à ce sujet le savant magistrat que nous combattions tout à l'heure. M. Massé donne cette excellente définition du compte courant dans son *Droit commercial :*

« Le compte courant est un contrat par lequel il est convenu que les prêts réciproques que pourront se faire, sous forme d'avances ou de remises, deux commerçants qui sont en rapport d'affaires ou de correspondance n'établiront entre eux les rapports de débiteur à créancier qu'au moment de l'arrêté de compte, c'est-à-dire lorsque la balance constituera l'un créancier et l'autre débiteur; et que, jusque-là, en d'autres termes, tant que le compte courra, il n'y aura pas des dettes réciproques, mais seulement *crédit* et *débit, doit* et *avoir,* et des rapports de *crédité* à *débité.* C'est dans cette absence de dettes réciproques, qui sont remplacées par des articles de débit et de crédit, que se trouve l'utilité du compte courant, qui est *de suppléer à la monnaie métallique,* en renvoyant à l'époque de l'arrêté de compte le solde réel effectif du reliquat. »

Et plus loin, M. Massé ajoute :

« Sans doute, les avances ou remises faites en compte courant ne constituent pas des prêts purs et simples; car, autrement, il n'y aurait pas de compte courant, il y aurait des prêts réciproques, qui se solderaient par voie de compensation à mesure qu'ils se rencontreraient, au lieu de devenir des articles de débit et de crédit destinés à ne se solder qu'en fin de compte. Mais il y a prêt en ce sens que chacun des contractants *est propriétaire des remises ou des avances dont il est débité et dont il crédite son correspondant. C'est parce qu'il y a prêt, qu'il y a transmission de propriété;* s'il n'y avait *que dépôt, la propriété ne serait pas transmise.* »

J'invoque ici M. Massé, non pas parce que le jugement qu'il a rendu se trouve en opposition avec ses
principes, mais parce que M. Massé est un jurisconsulte digne d'être cité. Ainsi, un individu vient se
mettre en compte courant avec moi, en m'apportant
trente actions au porteur, sur lesquelles il me demande 20,000 fr. d'avances : je lui donne 20,000 fr.,
et je suis tenu de lui rendre 30 actions au jour fixé.
Du moment où j'ai avancé mes 20,000 fr. et reçu ses
actions, il est propriétaire des 20,000 fr., je suis propriétaire des actions; elles m'appartiennent pendant
toute la durée du prêt. Mes 20,000 francs sont ma
marchandise, mon titre à moi. Vous me les demandez : je vous les prête; vous en êtes débiteur : vous
allez en faire ce qu'il vous plaît, les employer comme
il vous conviendra; je vous les ai prêtés pour que vous
me les rendiez tel jour. De votre côté, vous m'avez
présenté trente actions nominatives, et je vous ai dit :
« Je n'en veux pas, si vous ne me faites pas un transfert
en blanc; ou bien, ce qui est encore plus commode,
transformez-les en titres au porteur. » Vous consen-
tez; je prends vos actions; je m'en débite; j'en ai
la libre disposition, de même que vous avez été débité vous-même de mes 20,000 francs, et que vous avez
la liberté d'en user à votre gré.

Je vous ai donné, ne l'oubliez pas, ces 20,000 francs,
sans avoir le droit de savoir ce que vous en faites.
Vous m'avez donné trente actions : avez-vous le droit
de vous enquérir de ce que j'en fais? Au jour convenu,

je vous rendrai vos trente actions et vous me rendrez mon argent. Je n'ai pas droit de privilége. Survienne une saisie-arrêt, je ne suis pas préféré à tel autre créancier qui fait saisir. Comment auriez-vous un droit de revendication sur moi, si je n'ai pas moi-même un droit de privilége sur vous?

Sans doute, la translation de propriété n'est pas absolue, nous le dirons tout à l'heure; c'est une propriété *sui generis,* que nous conservons l'un et l'autre pendant la durée du compte courant, que nous nous restituons mutuellement au jour du règlement définitif.

Vous comprenez, Messieurs, qu'il faut nécessairement que l'équité se trouve des deux côtés à la fois; que, du côté de l'emprunteur et du côté de celui qui prête, la réciprocité est de rigueur.

J'ai résumé ainsi cette partie du débat dans mes conclusions :

« Attendu que le compte courant n'est autre chose qu'un contrat de prêt réciproque, dans lequel chaque partie remet à l'autre la pleine et entière disposition des valeurs qui forment compte entre elles; que chaque partie a la libre et complète disposition des valeurs qu'elle reçoit, sauf, à l'époque du règlement, l'obligation, pour chacune, de restituer à l'autre les valeurs dont elle est créditrice; le client a reçu une somme d'argent dont il est débiteur, la Caisse a reçu des actions dont elle est débitrice; le client qui a reçu l'argent, *et qui doit le rendre,* doit en payer *l'intérêt;* la Caisse, qui a reçu les titres *et qui doit les rendre,* doit en payer *les coupons.* Mais, en attendant *la restitution de l'ar-*

gent, qui doit être rendu à la Caisse par le client, le client a la libre disposition de l'argent que la Caisse lui a remis et *qu'il devra lui rendre;* et en attendant la restitution des titres, *qui doivent être rendus au client par la Caisse*, la Caisse a la libre disposition des titres que le client lui a remis et qu'elle devra *lui rendre:* en d'autres termes, le client est *débiteur de la Caisse en argent, dont il se sert, et qu'il rendra à la Caisse;* la Caisse est *débitrice du client en actions, dont elle se sert, et qu'elle rendra au client.* »

Avant d'aller plus loin, qu'on écoute cette observation : Au lieu de me donner des actions au porteur, vous m'avez donné des lettres de change ou des billets à ordre. N'ai-je pas le droit d'en disposer, de les donner, de les échanger? Personne ne me contestera ce droit.

J'ajoute donc dans mes conclusions :

« Attendu, en conséquence, qu'aucune difficulté ne pourrait s'élever sur le droit qu'aurait eu la Caisse de disposer des titres de cette nature, si elle les avait reçus de ses clients en compte courant et en échange de sommes dont elle leur aurait fait l'avance;

« Que la question actuelle se réduit à ce point de savoir si, des actions au porteur étant remises en compte courant, celui qui les reçoit en a la libre disposition, sauf restitution au jour du règlement, ou s'il doit les garder dans sa caisse, sans qu'il lui soit permis d'en faire usage;

« Attendu que, réduite à des termes aussi simples, la question, *en droit,* ne saurait présenter aucune difficulté; *en fait,* la libre disposition ne saurait porter aucun préjudice à aucune des deux parties ; *en réalité*, l'intention des parties a été de donner et de recevoir la libre disposition, jusqu'au jour du remboursement, des actions remises à la Caisse.

En droit :

« Attendu qu'aucun motif ne saurait soustraire au droit commun les actions au porteur ; que, remises en compte courant, quand on peut les remettre soit en nantissement, soit en dépôt, en exécutant les prescriptions de la loi, c'est évidemment par la volonté réciproque des parties, de leur libre choix, que le mode de compte courant est préféré ; qu'il n'y a aucune différence entre des lettres de change ou tout autre titre payable au porteur, se résolvant en une somme d'argent, et des actions au porteur, les seules admises par la Caisse générale dans la convention, et qui se résolvent également en une somme d'argent ; que, si la lettre de change ou tout autre titre représente une somme certaine et déterminée par le titre même, l'action représente aussi une somme certaine, déterminée par le titre même ; que, si elle peut varier de valeur par les fluctuations de la Bourse, cette valeur, le jour où le compte courant se règle, est fixée par le cours de ce même jour ; qu'elle reste donc en compte courant pour sa valeur réelle au jour du règlement ; que, par ses variations de hausse ou de baisse, cette valeur, difficile à faire rentrer dans les prescriptions du nantissement ou du dépôt, qui exigent la restitution de l'objet déposé sans augmentation ni diminution de valeur, se prête, comme tout autre titre au porteur, aux facilités du compte courant ; que, dès lors, comme toutes les autres valeurs, son apport en compte courant la place à la disposition de celui qui en est débité, sous cette seule condition qu'il restituera, au jour du règlement, autant de titres qu'il en a reçu ; que cette obligation de restitution, qui n'empêche pas la disposition dans l'intervalle, n'offre aucune difficulté possible, puisque l'action inscrite au débit de la Caisse peut toujours être restituée, même si la Caisse ne la possède pas, le cours de cette action étant coté et, par conséquent, l'action pouvant être trouvée moyennant ce prix, et restituée. »

Mais, dans le payement du coupon, le jugement voit une preuve évidente de l'interdiction de disposer du titre.

Ici, Messieurs, précisons :

Les 20,000 francs en billets de banque par moi prêtés au client, JE NE LES AI PAS ALIÉNÉS POUR TOUJOURS : *il faut qu'il me rende*, non pas *ceux-là mêmes que je lui ai livrés*, PUISQUE RIEN NE LES DISTINGUE DES AUTRES BILLETS DE BANQUE, mais qu'il me les rende EN NOMBRE ÉGAL ;

De même, les actions que le client m'a livrées, IL NE LES A PAS ALIÉNÉES POUR TOUJOURS ; *il faut que je les lui rende*, non pas *celles-là mêmes qu'il m'a livrées*, PUISQUE RIEN NE LES DISTINGUE DES AUTRES ACTIONS, mais *en nombre égal*.

Et, en attendant le jour de la restitution réciproque, le client me sert l'intérêt de mes billets de banque, qui sont mes revenus; moi, je lui sers les coupons de ses actions, qui sont ses produits.

C'est ce qu'explique en ces termes la suite de mes conclusions :

« Attendu qu'on prétend vainement tirer la preuve de l'indisponibilité du titre pour la Caisse dans le payement du coupon, et non de l'intérêt de la somme que l'action représente ; qu'au contraire, le payement du coupon est un argument de plus : qu'en effet, en échange de la somme d'argent qu'elle a remise et dont elle est créditrice, la Caisse a reçu des actions dont elle est débitrice; le client, qui a reçu l'argent *et qui doit le rendre*, doit en payer *l'intérêt*, la Caisse, qui a reçu les titres *et qui doit les rendre*, doit en payer *les coupons*. Mais en attendant la *restitution de l'argent, qui doit être rendu à la Caisse par le client, le client* a la libre disposition de l'argent que la Caisse lui a remis, et *qu'il devra lui rendre : et,* en attendant *la restitution des titres qui doivent être rendus au client par la Caisse,* la Caisse a la libre disposition des titres que le client lui a remis et *qu'elle devra lui rendre ;* en d'autres termes, le client est *débiteur de la Caisse en argent dont il se sert et qu'il rendra à la Caisse,* la Caisse est *débitrice du client en actions dont elle se sert et qu'elle rendra au client. »*

Voyez-vous là, Messieurs, quelque chose d'injuste, d'immoral?

Le jugement soutient ici la doctrine que les titres dont Mirès a fait usage ne sont pas *choses fongibles*, et sont des corps certains; mes conclusions répondent :

« Attendu que vainement on veut prétendre qu'une action au porteur n'est pas une chose *fongible*, lorsqu'on admet que le billet de banque, les lettres de change et tous autres titres au porteur, sont l'équivalent de l'argent, et que, dans un compte courant, tous ces titres sont à la libre disposition de celui qui les reçoit; que le mot de *corps certain*, appliqué à une action au porteur, est un mot vide de sens, quand, toutes les actions d'une Compagnie ayant la même valeur, la restitution d'une de ces actions, quelle qu'elle soit, représente évidemment l'action non individualisée que l'on a reçue; qu'aussi, même dans la loi romaine, si l'on donnait pour exemple de choses fongibles l'huile, le vin ou le froment, qui se consomment par l'usage, on regardait également comme choses fongibles ce que l'on fait consister dans *le nombre*, dans *la quantité* ; choses fongibles, puisque, dans les différentes négociations dont elles doivent être l'objet, *l'une fait la fonction de l'autre* : QUIA UNA ALTE-RIUS VICE FUNGITUR, *ideo dicuntur* FUNGIBILES. »

Il est merveilleux, Messieurs, d'entendre le droit romain parler ainsi. Oh ! nos maîtres, nos maîtres ! quelle justesse d'expression ! quelle vérité ! Nous avons beau dire ; nos lois ne valent pas cela.

Poursuivons :

« La quantité égale représentant la quantité donnée, elles fonctionnent dans le genre : *Quia genus perire non potest* ; par voie de conséquence, celui qui reçoit la chose, avec obligation de la rendre, n'est tenu ni de conserver, ni de restituer précisément la chose même qu'il a reçue, mais l'équivalent en quantité et en valeur, de sorte que le droit de celui qui l'a remise ne peut changer ni par l'abus de jouissance, ni par la perte même de la chose. » (Proudhon, *Traité de l'usufruit.*)

Ces deux grands mots : *choses fongibles*, sont-ils assez expliqués par la loi romaine et par l'appropriation que Proudhon s'en est faite : UNA ALTERIUS VICE FUNGITUR, *ideo dicuntur fungibiles ?* L'une fait la fonction de l'autre : voilà pourquoi on les appelle FONGIBLES. *L'action du Midi*, que je rends au client, ne fait-elle pas LA FONCTION de *l'action du Midi*, qu'il m'a remise ? *Ce n'est pas la même*, mais c'est LA MÊME CHOSE. Je prends dans mon tas d'actions du Midi, « *quia*

5.

genus perire non potest. » Ah! Messieurs, se refuser à voir dans une action au porteur le caractère de *chose fongible*, ce n'est pas le droit, ce n'est même plus la subtilité du droit; c'est la négation du droit.

Aussi la Cour devant laquelle je parle a-t-elle adopté mes principes. Écoutez la suite de mes conclusions :

« Attendu, d'ailleurs, que l'arrêt de la Cour, en date du 25 février 1859, consacré par la Cour de cassation, chambre civile, en date du 15 avril dernier, ne laisse plus aucun doute sur l'assimilation entre les actions au porteur et toute autre valeur fongible, même les espèces en argent. »

L'arrêt que j'invoque, je le sais par cœur. Voici de quoi il s'agissait : c'est la chambre des notaires qui a fait juger la question.

Un nommé Cherrier meurt. 50,000 francs de sa succession sont en titres au porteur. Il s'agit, aux termes de l'article 943 du Code de procédure civile, de coter et de parafer tout ce qui, dans la succession, n'est pas chose fongible. Le notaire veut coter et parafer les titres au porteur. L'héritier s'y refuse; une ordonnance de référé dit droit à la prétention du notaire. Appel.

On arrive devant vous; vous rendez un arrêt, ainsi conçu quant au sens; car, je le répète, je n'en ai pas les termes sous les yeux :

« Attendu, en résultat, qu'à l'époque où a paru le Code de procédure civile, les titres dont il s'agit aujourd'hui n'étaient pas connus ; que le législateur n'a pas pu les prévoir dans ses dispositions ; qu'il n'aurait pas ordonné de coter et de parafer des titres qui sont l'équivalent de l'argent, qui sont traités comme l'argent, que l'on ne cote pas, que l'on ne parafe pas ; qu'en conséquence il n'y a lieu ni de coter ni de parafer, la cote et le parafe pouvant mettre obstacle à la négociation de ces titres, qui sont en vue de la négociation la plus rapide. »

Vous avez nettement tranché la question. On est arrivé devant la Cour de cassation. La Cour de cassation, confirmant votre doctrine, a déclaré qu'il ne fallait pas soumettre au parafe et à la cote les titres au porteur, qui, dès lors, sont l'équivalent de l'argent et de toute chose fongible.

Je m'appuie donc sur la jurisprudence de la Cour de cassation, et sur la vôtre, Messieurs.

Que dire alors de la sentence des premiers juges, qui déclare que la défense s'est fondée sur des doctrines immorales et qui brisent tout ce qu'il y a de plus saint et de plus sacré dans les lois du commerce? Ah! si mes confrères ne sont pas présents, eux qui ont si vaillamment, si noblement défendu cette cause, je sais jusqu'à quel point leur cœur s'est trouvé froissé de cette déclaration, car la défense, c'est nous tous, c'est le barreau tout entier. Je la prends sous ma responsabilité personnelle, cette doctrine si maltraitée ; je la prends à cœur, moi qui n'ai pas plus de savoir, mais qui ai plus d'années que

la plupart de mes confrères : je déclare que c'est là le
droit, la vérité, et que rien, dans la défense de Mirès,
ne blesse ni la morale ni la loi.

J'arrive au fait, qui est encore si important dans
l'affaire, et je lis mes conclusions :

« En fait :

« Attendu que ce droit incontestable de libre disposition réciproque ne saurait porter aucun préjudice ni à l'un ni à l'autre
des contractants ;

« Qu'en effet, d'une part, la Caisse ayant prêté son argent
qui doit lui être restitué, ainsi que les intérêts, n'a pas à s'enquérir de l'usage que l'emprunteur fait de l'argent, *puisqu'il lui
sera rendu ;* d'autre part, le client ayant remis ses actions *qui
doivent lui être restituées*, ainsi que le revenu des coupons,
n'a pas à s'enquérir de l'usage que la Caisse fait de ses actions,
puisqu'elles lui seront rendues, la garantie de l'argent livré
par la Caisse *étant dans les actions*, la garantie des actions
livrées par le client *étant dans le capital de la Caisse.* »

Que voulez-vous? La garantie du client? Elle est dans
les 50,000,000 de francs de mon capital. Il sait bien
que, le jour où il réclamera ses actions, elles lui seront
rendues ; puisque, si elles ne sont pas dans ma Caisse,
elles se trouvent à la Bourse, et que les 50 millions de
francs dont je dispose me permettent bien de les racheter et de les lui rendre. Quant à ma garantie,

elle est dans les actions du client. C'est pourquoi, au moment même où la valeur de ces actions décroît, je lui dis que je vais l'*exécuter*. Il faut bien que je sois remboursé !

La loi du gage, la loi du nantissement, ne me permettent pas d'agir ainsi, dites-vous ? — Oui ; mais les usages financiers me permettent cette dérogation à la loi civile, à la loi commerciale ordinaire. Ce que j'ai fait est nécessaire à ces sortes d'opérations, et même à l'existence et au développement du crédit public. Je n'ai fait, après tout, que suivre l'exemple de toutes les grandes institutions que vous respectez ; j'ai imité le *Crédit foncier* et la *Banque de France*.

Continuons les conclusions :

« Attendu qu'au jour du règlement, le client *rend* à la Caisse *l'argent qu'il en a reçu, avec les intérêts*, le tout représenté par une somme égale en valeur à celle dont il est débiteur, et la Caisse *rend* au client *les titres qu'elle a reçus de lui, avec le produit des coupons*, le tout représenté par des titres de même nature que ceux qu'elle a reçus ; qu'ainsi la disposition que l'emprunteur a faite de l'argent de la Caisse et que la Caisse a faite des actions de l'emprunteur, dans l'intervalle du jour de la formation du contrat au jour de la liquidation, ne saurait porter aucun préjudice ni à l'un ni à l'autre des contractants. »

Voulez-vous poursuivre un délit là où il n'y a ni préjudice ni intérêt pour qui que ce soit ?

« Attendu que vainement on veut prétendre qu'une action au porteur n'est pas une chose *fongible*, lorsqu'on admet que le billet de banque, les lettres de change et tous autres titres au porteur sont l'équivalent de l'argent, et que, dans un compte courant, tous ces titres sont à la libre disposition de celui qui les reçoit; que le mot de *corps certain*, appliqué à une action au porteur, est un mot vide de sens, quand, toutes les actions d'une Compagnie ayant la même valeur, la restitution d'une de ces actions, quelle qu'elle soit, représente évidemment l'action non individualisée que l'on a reçue; qu'aussi, même dans la loi romaine, si l'on donnait pour exemple de choses fongibles l'huile, le vin ou le froment, qui se consomment par l'usage, on regardait également comme choses fongibles ce que l'on fait consister dans *le nombre*, dans *la quantité;* choses fongibles, puisque, dans les différentes négociations dont elles doivent être l'objet, *une fait la fonction de l'autre*, QUIA UNA ALTERIUS VICE FUNGITUR, *ideo dicuntur* FUNGIBILES; la quantité égale représentant la quantité donnée, elles fonctionnent dans le genre : *Quia genus perire non potest;* que, par voie de conséquence, celui qui reçoit la chose, avec obligation de la rendre, n'est tenu ni de conserver, ni de restituer précisément la chose même qu'il a reçue, mais l'équivalent en quantité et en valeur, de sorte que le droit de celui qui l'a remise ne peut changer ni par l'abus de jouissance, ni par la perte même de la chose (1). »

Cela s'appelle une réponse sans réplique. J'ai livré en effet au client 20,000 francs, *choses fongibles, corps certain; il me les rend, plus les intérêts;* il m'a livré 30 actions au porteur, choses fongibles, corps certains: *je les lui rends, plus le produit des coupons.* Comme *ses actions me garantissent mon argent*, et que

---

(1) Proudhon — Pardessus.

mes millions lui garantissent la valeur de ses titres, ni lui ni moi n'avons le moindre intérêt à savoir, — avant le jour du règlement définitif de comptes, — lui, ce que j'ai fait de ses titres, moi, ce qu'il a fait de mon argent.

J'ai plaidé le droit, j'ai plaidé le fait ; je veux pousser la démonstration à bout : il faut que la vérité éclate à tous les yeux :

En réalité :

« Attendu que l'intention des parties, l'une de recevoir, l'autre de donner la libre disposition des actions, ressort, sans contestation possible, des faits reconnus, qu'il suffit de rappeler;

De la part de la Caisse :

« La Caisse ne reçoit aucun titre nominatif sans qu'il y ait transfert en blanc, *ce qui lui en laisse la libre disposition;*

« Si le transfert ne lui convient pas, elle exige que les titres nominatifs soient convertis en titres au porteur, *ce qui lui en laisse la libre disposition;*

« Elle refuse d'insérer les numéros des titres dans les reçus qu'elle en donne, et se trouve ainsi munie de titres sans numéros, *ce qui lui en laisse la libre disposition;*

« Elle ouvre un compte courant, où elle porte au crédit du client le montant de l'action, dont elle devient ainsi débitrice, *ce qui lui en laisse la libre disposition;*

« Elle envoie chaque trimestre un règlement dans lequel figurent au crédit du client les actions dont elle est ainsi débitrice, *ce qui lui en laisse la libre disposition ;*

De la part des clients :

« En consentant soit à donner un transfert en blanc lors de la remise des titres nominatifs, soit à substituer à des titres nominatifs, que la Caisse refuse, des titres au porteur, qu'elle réclame ; en adhérant à la suppression des numéros de ces titres sur le reçu qui leur est donné ; en acceptant le compte courant sur sa rédaction à chaque renouvellement, les clients témoignent évidemment l'intention de laisser leurs titres, désormais sans désignation précise, à la libre disposition de la Caisse, qui n'en doit compte qu'au jour du règlement. »

Je supplie la Cour de noter chacune de ces circonstances.

L'article 1156 dit :

« On doit, dans les conventions, rechercher quelle a été l'intention des parties contractantes, plutôt que de s'arrêter au sens littéral des termes. »

Le sens de notre convention ne comporte ni nantissement ni dépôt. Si l'on cherche à pénétrer l'intention des parties, est-il rien de plus clair au monde que la volonté de Mirès, d'un côté, que le consentement du client, de l'autre ? La vérité saute aux yeux. Pas une seule circonstance n'est équivoque, ni dans la conduite de Mirès, ni dans celle de ses clients. Ils étaient parfaitement d'accord sur cette idée : « La *Caisse générale des chemins de fer* est libre de disposer des titres qu'on lui remet. »

Cela bien entendu, je pourrais même vous accorder qu'il y a dépôt, car l'article 1930 du Code Napoléon s'exprime ainsi :

« Le dépositaire ne peut se servir de la chose déposée sans la permission expresse ou PRÉSUMÉE du déposant. »

Je n'ai plus, dès lors, qu'à lire mes conclusions sur ce point de la cause :

« Attendu enfin que le consentement du client à l'usage des actions par la Caisse ne permet plus de discussion sur le droit, lors même qu'il s'agirait d'un nantissement ou d'un dépôt, l'article 1390 autorisant le dépositaire lui-même à se servir du dépôt, s'il y a autorisation expresse *ou présumée* du déposant;

« Attendu, dès lors, que les ventes, s'il en a été fait, soit en 1857, soit en 1858, n'ont ouvert aucun droit au profit des clients; qu'ils sont donc sans aucun intérêt à savoir si les titres par eux remis avaient été vendus, lorsque l'annonce de la vente leur fut faite le 30 avril, les 2 et 3 mai 1859;

« Attendu qu'à plus forte raison n'y aurait-il pas de discussion possible, si l'on prétendait qu'il y a dépôt irrégulier, puisque, d'une part, les principes sont les mêmes que pour le compte courant (1), puisque, d'autre part, la loi pénale ne s'occupe pas de la violation d'un dépôt irrégulier ;

« Attendu, au contraire, que la Caisse a pu vendre, céder, échanger, placer ailleurs les titres ainsi reçus en compte courant ; que son seul devoir, sa seule obligation était de les porter au crédit des comptes courants, ce qu'elle avait soin de maintenir à chaque règlement trimestriel, et de les porter au cours du jour à ce même crédit, pour leur prix réel, le jour du règlement, soit volontaire, soit forcé ;

« Attendu que, pour compléter à cet égard la conviction, il suffit de se reporter au but même de la Caisse générale ; que cette Caisse, maison de banque et de commerce de valeurs mobilières, a pour nécessité constante le roulement perpétuel de ses capitaux ; qu'elle n'admet pas, comme d'autres grands établissements, les dépôts des actions moyennant un prix de garde ; qu'elle livre ses capitaux contre des valeurs qu'on lui livre en échange ; qu'elle ne demande pas à l'emprunteur en compte courant, contre l'argent qu'elle lui remet, des billets ou valeurs négociables, dont le réescompte ferait immédiatement rentrer en son pouvoir le capital prêté par elle ; qu'elle reçoit des titres quelconques au porteur, qui viennent en ses mains en échange de son capital, et qu'elle met en circulation, quand elle le juge convenable, pour ne pas immobiliser son capital, c'est-à-dire pour ne pas rendre nulle sa maison de banque et stériles ses opérations ;

« Attendu, dès lors, que, si les ventes de 1857 et de 1858 ont eu lieu, le gérant avait eu le droit de vendre pour la Caisse les titres qu'il avait en compte courant ; que, cette solution admise,

---

(1) Troplong, *Dépôt et Séquestre*, nos 103, 114; 113 et **161**.

la conduite de Mirès s'explique d'elle-même ; que, débiteur et créditeur en compte courant, il envoyait à chaque trimestre le relevé de chaque compte, débité des intérêts et crédité des coupons de ces mêmes titres ; que peu importait que les titres existassent ou n'existassent pas dans la Caisse, *puisqu'ils existaient au compte courant où la Caisse en était justement débitée*, jusqu'au jour du règlement définitif, où la balance s'établissait entre le débit et le crédit de chaque partie. »

Messieurs, nous arrivons à ce que les premiers juges appellent : *vente fictive*, et ce qui est la vente la plus réelle.

Encore un mot d'explication à ce sujet :

Entre le client et la Caisse, il y a remise de titres, d'argent ou de billets de banque, payement d'intérêts, de coupons, le tout passé en compte courant. C'est la loi du compte courant qui règle la situation des deux parties ; c'est donc *le compte courant* qui sera, dans ce procès, *la constatation d'une vente ou d'un achat.* Or, voici le compte courant, qui, avec l'annonce faite au client, porte, en date du 30 avril, du 2 ou du 3 mai, au crédit du client, le produit de la vente annoncée. Et vous appelez cela une vente fictive? *Fictive*, dites-vous, parce que les premières ventes, en 1857 ou 1858, vous avaient privé des actions. Mais d'abord les ventes elles-mêmes ne sont prouvées que par le rapport Monginot ; mais, en supposant la vente par la Caisse, le titre du client n'est pas dans la caisse ; *il est au compte courant.* Tant qu'il n'en disparaît pas, il existe. Le jour où il en disparaît *est le jour où l'on voit figurer au crédit du client le prix de son titre vendu.* Voilà la véritable vente.

Aussi mes conclusions se terminent-elles par ces considérants :

« Attendu que, par une conséquence nécessaire, la situation de chaque compte courant étant restée la même, *quant à l'existence des titres au crédit du client*, le 30 avril, le 2 et le 3 mai 1859, chaque compte courant, aux termes de la lettre d'avis, était crédité au nom du client et débité au nom de la Caisse de la valeur des actions, ce qui constituait la vente annoncée ;

« Attendu que le mot de vente fictive est lui-même sans portée quelconque, puisque, ce jour même, le compte courant était crédité du prix des valeurs, au cours de la Bourse, constaté par le cours authentique, ce qui, entre la Caisse et le client, était bien une vente réelle ; qu'en l'état du droit ainsi posé, il ne restait entre les deux contractants que la question de savoir si, sans mise en demeure, la vente annoncée pouvait être invoquée, et également portée au compte courant ; que cette question, de la compétence exclusive des tribunaux civils, demeure sans aucune influence devant la juridiction correctionnelle et, par conséquent, sans intérêt aux débats. »

Messieurs, il me reste une réflexion à faire. Elle détruit, à elle seule, toute idée de culpabilité imputable à Mirès.

Si tout ce que je viens de dire était contraire au droit ; si je me trouvais dans l'erreur la plus complète, vous conviendriez néanmoins qu'il y a dans ma défense, que vous écoutez si attentivement, quelque chose de sérieux : les opinions que j'appuie de tant de textes de lois, d'un si grand nombre de citations d'auteurs, d'une multitude de sentences et d'arrêts, peuvent être contestables, mais elles ne sont en rien criminelles. Eh bien! ces opinions, Mirès les avait lui-même naturellement. S'il s'est trompé en les appliquant, combien d'autres personnes, non-seulement impunies, mais encore fort respectées, ont fait comme lui! Et vous le déclareriez coupable! Mais tous ceux qui pensent comme lui seraient donc autant de complices? Non, Messieurs, non; et je crois entrer dans votre sentiment en lisant ce passage de mes conclusions :

« Attendu que, en supposant que le droit du gérant ne fût pas consacré par la loi, il ne saurait du moins s'élever un doute sur ce point; que Mirès avait, de bonne foi, la conviction, la certitude, que le droit lui appartenait; que cette bonne foi, résultat de tout ce qui vient d'être énoncé, exclut toute idée de fraude, et par conséquent de délit;

« Qu'ainsi tombe la condamnation pour escroquerie, pour tentative d'escroquerie, pour abus de confiance, résultant de la violation d'un contrat de nantissement ou de dépôt. »

.   .   .   .

(L'audience est suspendue pendant quelques instants.)

.   .   .   .

Me Crémieux reprend en ces termes :

Messieurs,

J'en suis à l'examen de la seconde prévention :

Abus de confiance résultant du détournement frau-
duleux des titres de la Caisse générale.

J'ai démontré à la Cour :

Qu'il n'y a ni nantisssement, ni dépôt, soit dans le
reçu donné, soit dans les conventions faites entre
les clients et la Caisse :

Qu'il n'y a pas autre chose entre nous que contrat
de compte courant; que les droits résultant de ce
compte courant sont tels que je les ai énoncés.

Il serait pourtant possible que Mirès eût trompé ses
actionnaires, en détournant des actions qui lui auraient été remises en dépôt; qu'il eût ainsi commis
un abus de confiance, par violation de dépôt. Examinons.

A-t-il vendu frauduleusement des actions? D'abord,
je me demande pourquoi cette question? Mirès les
avait restituées longtemps avant toute poursuite dirigée contre lui. Si, par impossible, il y avait eu délit
dans la pensée, ce délit eût été effacé par la restitution. Et, malgré tout, Mirès est déclaré coupable d'a-

bus de confiance, pour avoir détourné des actions qui, pourtant, ne sont pas détournées.

Il est vrai que l'expert a fait ici une incroyable découverte : il a trouvé que Mirès et Solar ont gagné 2,553,000 francs. Et, guidés par l'expert, les premiers juges déclarent que Solar et Mirès ont gagné 2 millions de francs, au moins, dans ces opérations.

Il y avait donc vol organisé à la *Caisse générale des chemins de fer ?* Les actions qui manquent, au dire de l'expert, c'est donc Mirès, c'est donc Solar, qui les ont prises et vendues à leur grand bénéfice.

Que répondre à cela ?

Il n'y a pas un mot de vrai! Au lieu d'un bénéfice de 2,553,000 francs, il y a perte. Le bénéfice est un mirage de l'expert.

Voyons néanmoins quel est l'objet de la poursuite :

Est-ce pour Mirès ou pour la *Caisse* que ces ventes ont été faites? Toutes ces actions étaient des actions de la *Caisse* : toutes appartenaient à des actionnaires.

Ici, une observation : Quand nous avons déclaré à la Cour que l'habitude de Mirès était de ne recevoir en dépôt aucun titre, la Cour a bien compris que la règle n'était pas sans exception. En effet, il y a un certain nombre d'actions que nous avons reçues en dépôt : elles se trouvent numérotées. Soixante-dix clients ayant une quantité considérable de valeurs diverses, toutes numérotées et nominatives, ont été de véritables déposants. Quand M. de Germiny est venu prendre la direction de la *Caisse générale des chemins de fer*, il a fait dresser un état de ces actions. J'ai l'honneur de faire passer cet inventaire sous les yeux de la Cour. Elle y verra que ces actions numérotées et nominatives ont été respectées : on les a trouvées toutes dans la Caisse Mirès.

Il est donc bien établi que là où il y avait dépôt, ce dépôt a été religieusement gardé.

Pourtant Mirès a vendu les actions de la Caisse.

Mais lesquelles?

Sachons bien ce que c'était que la vente et le rachat des actions de la *Caisse :*

Les actions déposées avec des numéros n'ont pas été touchées; on a vendu les actions restées encore à la souche, c'est-à-dire non placées, faisant partie du fonds social, les actions sur lesquelles des avances d'argent avaient eu lieu; d'autres regardées comme en compte courant, quoique n'ayant pas encore reçu d'avances.

Voilà les actions que Mirès a trouvées dans la Caisse sociale, qu'il a vendues dans l'intérêt social, et, deux ans plus tard, il les a replacées. A-t-il commis un délit? Et d'abord, y avait-il 21,247 actions? Y en avait-il davantage?

Le Tribunal a jugé qu'il ne pouvait y en avoir que 21,247.

C'est le rapport de l'expert qui fixe le chiffre de 21,000 (je laisse de côté la fraction); il n'y a eu, partant, que 21,000 actions vendues et rachetées. Vous ne pouvez, ajoute le Tribunal, parler de 27,566. Les 5,566 de plus, qui ont été vendues et rachetées par vous, l'ont été publiquement : elles ne sont alors comprises ni dans la vente, ni dans le rachat subreptice des 21,000 actions signalées par l'expert.

Impossible de comprendre le Tribunal. Que cette vente et ce rachat d'actions se soient faits secrètement ou publiquement, peu importe : s'il y a délit, il est même plus grave quand je le commets ouvertement, puisque j'affronte la loi, au lieu de me cacher.

Je m'étonne que, dans une sentence d'ailleurs si bien rédigée, les premiers juges se soient laissés aller à cette pensée que, 21,000 titres ayant été vendus et rachetés secrètement, — subrepticement, cette vente était un délit, — mais que, 5,566 actions ayant été vendues et rachetées publiquement, le délit n'existe pas dans ce second fait. Si la première vente et le premier rachat étaient illicites, comment ne pas punir en même temps la vente et le rachat ultérieurs des 5,566 actions?

Au reste, 21,000 actions, au dire du Tribunal; 27,000, au dire de Mirès; 29,000, comme les liquidateurs l'ont établi : qu'importe? Ces actions, quel qu'en soit le nombre, étaient restituées, nous l'avons dit, longtemps avant toute poursuite judiciaire.

Il y avait, dit-on, 5,852 actions appartenant à la Société et 15,295 appartenant à divers clients. Vous

6

les avez vendues coup sur coup, de manière à avilir les prix, et vous les avez rachetées, de façon à profiter de cet avilissement pour faire entrer 2 millions au moins dans votre caisse.

Voyons :

L'expert a dit : 2,355,000 francs ; le Tribunal dit 2 millions au moins, posant ainsi un chiffre différent de celui de l'expert, un chiffre approximatif. Pourquoi ne pas ordonner une nouvelle expertise afin d'arriver à l'exactitude ?

Mirès aurait vendu les actions de manière à les avilir !

Depuis les mois d'août et de septembre 1857, il a, au contraire, vendu les 10,000 premières si prudemment que le cours n'a baissé que de 33 francs.

Le Tribunal ajoute que Mirès, en vendant les 21,000 actions à la baisse, et en les rachetant à vil prix, a voulu se libérer envers ses actionnaires d'autant d'argent qu'il leur en avait fait perdre.

Je réponds : « Deux ans se sont passés entre cette vente et ce rachat ! »

Mirès a vendu en 1857 et en 1858. Il n'a racheté qu'en 1859 et en 1860.

La vérité est, comme je viens de le dire, qu'il a vendu 10,000 actions secrètement, depuis le 1er août 1857 jusqu'au 1er janvier 1858, et que la baisse n'a été que de 33 francs.

Mirès et Solar en ont vendu 11,000 assez longtemps après. Ils ont achevé les ventes en 1858. A la fin de 1858 et en 1859, une forte baisse, complétement étrangère aux ventes depuis longtemps consommées, a réduit les actions à 150 francs.

C'était bien alors pour Mirès le beau moment de les reprendre, et de s'enrichir ainsi aux dépens de la Société dont il était le gérant. Précisément il n'en a pas racheté une seule. La facilité et la certitude de réussir ne l'ont pas même tenté.

C'est en décembre 1859 qu'il a racheté les premières actions ; en décembre 1860 qu'il a racheté les dernières : le cours moyen de ces rachats était, en 1859, de 300 fr., en 1860, de 390 francs l'action.

Ainsi, Mirès a mis quatorze mois à opérer ses ventes ; ainsi, quand les actions étaient à 150 francs, il n'en a pas racheté ; ainsi, quand elles ont repris le cours à 300 francs, il en a racheté une moitié ; quand elles se sont élevées à 390 francs, une autre moitié. Voilà comment il jette 21,000 actions sur le marché ! Voilà comment il les avilit d'abord pour les racheter ensuite ! Voilà comment il a gagné plus de deux millions !

On ajoute : « Vous êtes tellement coupable que vous avez employé tous les moyens possibles de cacher cette affaire à tout le monde, même au conseil d'administration de votre Société : vous aviez sous la main M. Roger, caissier des titres ; vous lui preniez 6, 8, 10 mille actions, en lui donnant un reçu qui lui tenait lieu des actions disparues. Il n'était pas permis de s'emparer ainsi des actions pour aller les vendre, puis les racheter.

Sans doute le gérant n'a pas le droit de faire, au préjudice de la Société, des ventes de ce genre. Mais, d'une part, les reçus de Mirès étaient pour les actionnaires une garantie suffisante, puisqu'il restait toujours créancier de sommes importantes envers la Société; mais, d'autre part, Mirès a vendu, parce que l'intérêt de la Société le lui commandait.

L'emprunt espagnol de 200 millions de francs en était à ses dernières échéances mensuelles : août et septembre 1857. Il fallait payer, sous peine de faillite. Eh bien! c'est alors seulement que Mirès a commencé, pour parer le coup, les ventes que vous lui reprochez; il les a faites avec le plus grande prudence, non pas par 6, 8, 10 ou 15,000 actions, — *offre* déréglée, qui les eût avilies sans réaliser les sommes d'argent dont la *Caisse générale des chemins de fer* avait un si pressant besoin, — mais doucement, à de bons prix, qui, ajoutés à d'autres ressources, lui ont permis de remplir à temps ses engagements envers le gouvernement espagnol.

C'est donc dans l'intérêt de la Société que Mirès a vendu les actions. Lorsque, dans le même intérêt, il les a rachetées, il a fait les affaires de la Société, et non les siennes propres.

En 1859, Mirès avait obtenu du gouvernement l'autorisation d'émettre les obligations des chemins de fer romains, ce qui lui donnait l'occasion de faire des opérations importantes, qui avaient déjà relevé la valeur de ses actions. Pour la soutenir, cette valeur, le meilleur moyen était de racheter : Mirès a racheté.

Où est le mal ?

En 1860, Mirès avait toutes les illusions que donne la prospérité.

Il s'agissait de l'emprunt ottoman. M. Rostan et M. Couturier ont déclaré que 180,000 obligations étaient déjà souscrites, soit par des créanciers de la Porte, soit par d'autres personnes ; cette immense affaire allait donner un bénéfice de 80 millions de francs : 40 millions à Mirès, 40 millions à la *Caisse générale des chemins de fer*. Chacun des actionnaires allait recevoir 900 francs par action de 500 francs. C'est précisément alors que Mirès a racheté, et racheté à 390 fr., les 5,566 actions appartenant à la Société. Il aidait ainsi au succès de l'emprunt ottoman, en relevant le crédit de la Société.

« Pour celles-ci, vous n'avez rien caché ! » — nous dit-on.

Pour celles-ci pas plus que pour les autres ! Si nous avons tenu jusqu'à un certain point le secret, c'est qu'il était indispensable.

Mais, — poursuit-on, — en vendant les actions de la *Caisse générale des chemins de fer*, vous disposiez de ce qui appartenait à vos actionnaires ? Les actionnaires ! Mirès leur a-t-il ravi le droit de réclamer le payement des coupons à chaque semestre ? Au mois de janvier, un semestre allait échoir : on a payé

6.

le coupon aux sociétaires dont les titres avaient été vendus. Il fallait payer le même coupon à ceux qui avaient acheté les actions. Nous avons ouvert le livre : « *Coupons* n° 2 », et inscrit le payement du coupon de toute action vendue ; tandis que, dans le livre : « *Coupons* n° 1, » figurait le montant des coupons à payer aux actionnaires.

Pas un seul actionnaire n'a souffert.

Mais voici le moment où le secret de l'opération n'était plus possible à garder : dès le mois de janvier 1858, en ouvrant le compte « *Coupons n°* 2, » 50 ou 60 employés voyaient bien que l'on payait deux fois les coupons. Cela ne voulait-il pas dire que nous avions vendu les actions? — Oui, sans doute, nous avons caché les préliminaires de la vente ; mais nous n'avions rien à dissimuler du fait accompli. Comme on voyait que nous avions vendu 10 ou 12,000 titres, dont les coupons étaient portés au compte « n°2, » personne ne soupçonnait que nous vendions encore d'autres actions ; et, lorsque les besoins se sont fait de nouveau sentir, nous en avons encore vendu. Nous allions sans bruit, prudemment, mais pas subrepticement, pas frauduleusement.

Pourquoi du mystère? demande-t-on. Mais, si Mirès eût annoncé qu'il faisait des ventes d'actions de sa Société, son crédit s'évanouissait. Et cette opération, qui, menée petit à petit, ne devait pas mal aboutir, eût tourné au pire, menée tambour battant. Le cours des actions de la *Caisse générale des chemins de fer* serait tombé à plat. Quand on a besoin de vendre, Messieurs, on ne va pas d'abord le crier à tout le monde : on taisait les ventes à faire, mais les ventes opérées, on les portait sur les livres de la Société.

Le Tribunal a vu aussi un acte coupable dans le fait que voici :

Parmi les actions, il y en avait 5,852 appartenant à la Société, actions qui n'avaient pas encore été émises. En avril 1859, au moment où l'on présentait la situation au conseil de surveillance de la *Caisse générale des chemins de fer*, pour dresser l'inventaire qui devait être arrêté au 31 décembre, le conseil dit : « Ces 5,852 actions n'ont pas encore été placées. Elles valaient 500 francs à leur création ; elles figurent à l'inventaire pour 500 fr. Nous ne pouvons pas admettre que Mirès les passe en compte au prix de 300 fr.; le bilan ne serait pas sincère. Que Mirès les prenne provisoirement à 300 francs chacune, avec l'obligation de les restituer, il restera ainsi débiteur des titres, en même temps que créditeur de la somme. »

Et en décembre 1860, Mirès a racheté publiquement ces 5,582 actions, non pas au prix de 300 francs, mais au prix de 390 francs chacune.

Enfin le Tribunal lui-même dit que, la vente des premières actions étant secrète, tandis que la vente des autres est publique, il n'y a pas lieu de les confondre.

Si j'avais le droit de vendre ces actions, j'avais donc le droit de vendre les autres ; si je n'avais pas ce

droit, je suis coupable, pour la vente publique autant
que pour les ventes secrètes.

Et maintenant voici la vérité sur le chiffre des
ventes, sur les résultats.

Quand les liquidateurs ont voulu examiner le compte
des ventes et celui des rachats, ils ont trouvé
29,005 actions, et non pas 27,000, ainsi que le
pensait M. Mirès, et non pas 21,247, comme le
disent l'expert, et, d'après lui, les premiers juges.
Le prétendu bénéfice de 2,553,000 francs, — dénoncé
par l'expert; — de 2 millions de francs, *au moins*,
— au dire des premiers juges, — se change en une
perte de 63,000 francs, si l'on adopte le chiffre de
21,000 actions, de 800,000 francs si l'on prend celui
de 27,000; la perte s'élève enfin à 1,200,000 francs,
si le nombre des actions s'élève à 29,000.

Voilà ce qui, d'après l'expert, a donné à Mirès un
bénéfice de 2,553,000 francs; voilà ce que les premiers juges, dans un de leurs considérants, représentent comme lui ayant produit au moins 2 millions !
Ce n'est que dans le rapport que cela se trouve; et le
Tribunal, — qui nous a refusé une vérification de
comptes, c'est-à-dire une expertise nouvelle,— voyant
dans son erreur un bénéfice de plus de 2 millions,
a déclaré Mirès coupable de détournement frauduleux !

Mais qu'est-ce donc en droit qu'un détournement frau-
leux? Vous remettez à quelqu'un une somme dans un
but déterminé : l'individu retient votre argent; vous le
menacez : il ne le rend pas; vous lui dites que vous

allez le faire assigner : il ne le rend pas encore ; vous ajoutez que l'assignation est remise à l'huissier : il le rend enfin. Verrez-vous un détournement frauduleux dans cette restitution faite avant toute poursuite judiciaire ? Le mandataire est soumis à une action civile : s'il y a eu préjudice pour le mandant, il sera contraint à payer des dommages-intérêts ; mais il n'est soumis à aucune action criminelle, s'il a rendu, avant toute poursuite, ce que vous avez le droit d'exiger de lui. Ce sont là des éléments de droit qu'on ne discute plus.

Eh bien ! dans notre affaire, lorsque la poursuite a commencé, il y avait plus de dix-huit mois que la plus grande partie des actions était rachetée ; plus de six mois que le reste était racheté aussi : aucun des actionnaires n'a éprouvé de préjudice.

Et Mirès est poursuivi au criminel !

Messieurs, permettez-moi de le dire, en fait de bourse, nous ne sommes très-forts ici ni les uns ni les autres : une chose pourtant nous frappe tous. Si Mirès avait opéré pour son seul profit, au lieu d'agir dans l'intérêt de la Société, il n'avait pas besoin de livrer à l'acquéreur les actions qu'il vendait : il n'avait qu'à se faire *reporter* chaque mois ; et, quant aux bénéfices, il se fût trouvé absolument dans la même situation que s'il les eût livrées. Il n'avait rien à perdre, et il avait tout à gagner ; il ne commettait aucun délit en ne livrant rien. Mais ce n'était pas une spéculation qu'il voulait faire : ce qu'il voulait, c'était avoir de l'argent pour payer les échéances de l'emprunt espagnol; voilà pourquoi il livrait les titres. Autrement, je le répète, il n'aurait rien livré ; c'est un homme de bourse qui savait ce qu'il voulait : il aurait vendu à terme ; il se serait fait *reporter* constamment, et il aurait pu gagner les mêmes sommes, sans le moindre danger.

Il n'y a donc pas eu détournement frauduleux.

Mirès s'est caché de Solar ! Mais Solar pouvait tous les jours vérifier l'état de la caisse et y trouver les reçus de Mirès. Comment, d'ailleurs, cacher quelque chose à Solar? Roger, son parent, était caissier.

Les deux gérants se sont menacés de révélation? Mais, quand Mirès a écrit à Solar : « Vous me menacez de révélation ! je brave vos menaces comme la calomnie, » Solar n'était plus gérant. Cette lettre de Mirès, citée par la prévention, détruit la prévention elle-même. Tant que Solar est resté cogérant, Mirès n'a pas réclamé de lui les 1,646 actions : mais, quand Solar s'est retiré, Mirès a exigé les 1,646 titres ; il a dit à Solar : « Rendez les titres, les 1,646 actions, ou bien je m'adresserai à qui de droit ! »

Et voilà pour les premiers juges la preuve que Mirès avait tout à craindre des révélations de Solar, qui, du reste, a rendu les actions. Singulière preuve !

Où serait donc le détournement frauduleux? Il n'y a eu de préjudice pour aucun actionnaire. Il n'y a pas eu non plus de profit pour Mirès; au contraire, il y a eu perte, et Mirès n'avait pas travaillé pour lui-même. Serait-il possible de lui supposer la moindre intention frauduleuse ? En 1857, il vend les actions : elles tombent plus tard au prix de 150 fr., et, au lieu de les y maintenir et de les racheter, il distribue un dividende aux actionnaires. En agissant ainsi, Mirès relève les actions, et fait par conséquent le contraire de la fraude qu'on lui impute.

En 1858, Mirès vend encore des actions. Il faut, pour avilir les prix, qu'il en vende en masse ; il les vend au contraire petit à petit, discrètement, et, pour soutenir le cours, au lieu de le faire déchoir et de s'enrichir ainsi, il distribue aux actionnaires un nouveau dividende. Chose curieuse ! vous allez voir bientôt qu'on le condamne aussi pour avoir distribué des dividendes non acquis ! L'insensé aurait donc fait cette double absurdité :

Quand il voulait vendre pour racheter à bas prix, au lieu de jeter tous ses titres sur la place, il les vendait par fractions, en petit nombre, successivement !

Quand il voulait avilir les prix pour racheter, il donnait des dividendes, même quand ils n'étaient pas acquis, au lieu de s'abstenir d'en distribuer !

Cette double absurdité appartient à la prévention. Remarquez que c'est en août, en septembre, en octobre, en novembre, en décembre 1857 que Mirès, commençant ces ventes, a distribué un dividende non acquis ; que c'est en octobre, en novembre, en décembre 1858 que, faisant ses autres ventes, il distribue encore un dividende non acquis.

Comment ! j'ai avili le cours des actions pour les racheter à bas prix? Mais, c'est au taux de 400 francs que se sont commencées les ventes, et pendant toute leur durée les prix n'ont baissé que de 33 francs. Si, en 1859, ils sont descendus à 150 francs, c'était sous l'empire de circonstances particulières, un an après mes dernières ventes, et alors je n'ai pas racheté! Comment! j'ai fait tomber le cours des actions pour les racheter à vil prix! Mais je les ai rachetées à 300 francs, à 390 francs, quand j'aurais pu ne les payer que 150! Et quand j'avais un intérêt si grand à déprimer les cours pour ces rachats, je distribuais des dividendes non réalisés, qui relevaient le cours des actions que je voulais avilir!

Ce n'est pas tout : les actions vendues et rachetées, il y a eu un déficit de 760,000 francs; et, chose extraordinaire, mais réelle, les pertes qui avaient été faites par la Société ont été subies par Mirès, qui en a exonéré la *Caisse générale des chemins de fer*, en lui abandonnant cette somme de 760,000 francs! Il fait plus : il abandonne encore à ses actionnaires 1,763,000 francs, en tout 2,523,000 francs qui lui appartiennent, qui sont ses apports bénéficiaires dans Porte et Sénéchas, dans les Gaz de Marseille.

Il est donc bien entendu que personne n'a éprouvé de préjudice; que personne ne se plaint; et Mirès est condamné pour détournement frauduleux!

Messieurs, j'ai vu bien des poursuites pour détournement : toutes étaient dirigées contre un gérant qui avait emporté les fonds de la caisse.

Mirès n'a rien pris, lui; il a versé beaucoup; et les premiers juges l'ont déclaré coupable! Ce qu'on lui impute serait d'un insensé. Quoi? Mirès aurait jeté 21,000 actions sur la place, pour en avilir le cours et les racheter après! Mais il eût sacrifié par anticipation toutes ses entreprises. Quoi? Mirès, à la tête de 500 millions de capitaux, réunis par diverses Compagnies dont il est le créateur, aurait avili le cours des actions de la *Caisse des chemins de fer,* soutien de toutes ses créations! Mais son intérêt, au contraire, était de maintenir le prix des actions de la Caisse! Oh! la déplorable prévention!

Je vais la résumer dans cette partie de mes conclusions :

Quant à l'abus de confiance résultant du détournement frauduleux des titres de la Caisse générale des chemins de fer :

« Attendu, avant toutes choses, qu'il ne saurait y avoir fraude dans un acte fait sans dissimulation ; qu'en retirant les actions de la Caisse, Mirès remettait un reçu énonçant le nombre de titres qu'il retirait et que constatait le fait dans la comptabilité.

« Qu'en fait, il est vrai que Mirès et Solar ont vendu, non pas 21,247 actions de la Caisse, mais 29,005, qui ont toutes été rachetées; qu'il en avait même été racheté 1,400 en plus, lorsque Mirès a été arrêté ;

« Que la question du procès se réduit donc à savoir si cette vente et ces rachats, consommés avant toute plainte, peuvent

7

constituer le délit de détournement frauduleux ; que le jugement fait résulter ce délit des faits suivants :

« 1° Les actions sont irrégulièrement sorties de la Caisse sur les simples reçus de Mirès et Solar ;

« 2° Elles ont été vendues à la Bourse pour leur compte ; le compte de Mirès s'en est amélioré d'autant à son profit ;

« 3° Les actions ont été rétablies, mais avec un profit de deux millions au moins, réalisé par les gérants :

« 4° Ce profit a été réalisé par eux au préjudice de la Caisse pour 5,852 actions, au préjudice des autres propriétaires des actions pour 15,395 ;

« 5° Ils ont obtenu ce bénéfice en dépréciant les cours par l'émission de 21,000 titres flottants sur le marché, et en profitant des bas cours pour les racheter ;

« 6° Mirès invoque vainement sa bonne foi et l'intérêt de la société en péril : sa mauvaise foi et son intérêt personnel résultent de la dissimulation de l'opération à l'égard même du Conseil d'administration ; des précautions prises par les deux gérants l'un contre l'autre ; des menaces de révélation de Mirès à Solar, quand le secret n'était plus nécessaire dans l'intérêt social ;

« 7° Mirès s'est fait appliquer, en avril 1859, au cours de 300 fr., les 5,852 actions sociales, et la contre-passation de cette écriture au 31 décembre est la démonstration la plus claire de son intention frauduleuse ;

« En droit, le titre au porteur n'est pas chose fongible, et doit toujours pouvoir être représenté ;

« Il n'est pas permis à un gérant de puiser à pleines mains

dans la Caisse sociale et de se servir des titres qu'il en retire pour faire la hausse et la baisse, ou pour soutenir artificiellement des opérations mal conduites ;

« Attendu, en droit, que les titres au porteur sont évidemment choses fongibles, comme nous l'avons prouvé sur la question de nantissement et de dépôt!

« Attendu qu'assurément il n'est pas permis au gérant de puiser à pleines mains dans la Caisse sociale pour faire la hausse ou la baisse ou soutenir artificiellement des opérations, mais que, d'une part, ce fait, qui n'existe d'ailleurs pas au procès, s'il constituait un délit, ne serait pas le délit de détournement frauduleux ; que, d'autre part, le fait, pour être coupable, devrait être consommé au profit du gérant; que, sur ce dernier point, l'imputation rentre dans le second, le troisième et le quatrième faits énoncés plus haut, et qui vont être examinés. »

Sur les six faits invoqués pour établir les détournements frauduleux :

« Attendu que le premier est absolument sans portée juridique, le gérant, maître de disposer du capital social (sauf responsabilité civile ou criminelle, s'il abuse), tirant de la Caisse des titres qu'il remplace par son reçu, fait un acte qui est dans son droit et qu'il ne dissimule à personne, puisque sa signature représente les titres; que le délit ne pourrait exister que si le gérant ne présentait pas à la Caisse des garanties suffisantes, le retrait des titres, tant qu'ils ne sont pas restitués, pouvant alors être regardé comme un détournement frauduleux, ou si le gérant avait fait tourner à son profit personnel, par conséquent au préjudice de la Caisse, l'emploi des titres ;

« Mais attendu que la première circonstance, outre que les garanties de Mirès n'étaient pas contestables, et sans intérêt au débat, puisque, avant toute inculpation contre Mirès, tous les titres étaient rachetés et réintégrés; que la prévention ne peut donc s'établir que sur le profit personnel que le gérant aurait retiré de l'opération, ce qui entre dans le second, troisième, quatrième et cinquième faits reprochés à Mirès par le jugment. »

Sur ces quatre faits réunis :

« Attendu qu'ils supposent le bénéfice de deux millions au moins regardé comme certain dans le troisième fait ;

« Mais attendu que ce bénéfice n'est qu'une illusion, et qu'au contraire le résultat de l'opération est une perte ;

« Qu'en premier lieu, et avant tout, il ne saurait être douteux que l'opération n'a pas été faite dans l'intérêt de Mirès, mais dans l'intérêt de la Caisse ; que la dénonciation même de Pontalba le déclare; que les faits l'établissent évidemment, puisqu'il fallait faire face à l'emprunt espagnol, qui n'avait produit que 28 millions, et dont les exigences mensuelles réclamaient des sommes considérables qui manquaient à la Caisse ;

« Attendu, en second lieu, que les actions vendues et rachetées s'élèvent, non à 21,247, comme le dit le jugement, mais à 29,005, d'après le dernier état fourni par les liquidateurs; que vainement le Tribunal distingue entre les 21,247 actions qu'il dit subrepticement prélevées de la Caisse en 1857 et 1858, et les autres ventes ou rachats qu'il dit faits officiellement en 1860 et dans les commencements de 1861; que toutes les ventes sont évi-

demment frappées de la même illégalité, si l'illégalité existe;
que, d'ailleurs, les actions vendues en 1857 et 1858 étaient
toutes rachetées avant toute poursuite; qu'il importe donc peu
que certaines ventes ou certains rachats aient été faits plus ou
moins publiquement, l'opération devant être jugée tout entière
et dans ses résultats définitifs;

« Attendu, d'ailleurs, que, soit qu'on s'arrête au chiffre de
21,247, soit que l'on tienne pour certain le chiffre de 29,005, le
prétendu bénéfice de millions au moins n'existe que dans le
jugement, modifiant encore le rapport qui le fixe à 2,533,000 fr.;

« Qu'en effet, si l'on s'arrête au chiffre de 21,247 fr., qui
supprime les ventes et les rachats faits depuis la fin de 1860, au
lieu d'un prétendu bénéfice, il y a une perte de 63,741 fr.;

« Si l'on adopte le chiffre de 27,566 fr., au lieu d'un bénéfice,
on trouve une perte de...................... 826,930 fr.
Si l'on tient pour certain le chiffre de 29,005 fr.,
comme il reste 1,439 actions invendues qui ont
coûté 380 fr. chacune, soit........ 546,320 fr.
et dont la valeur actuelle n'est plus
que de 55 fr., soit.............. 79,145 »

ce qui fait, sur ces 1,437 actions, une
perte de....................... 467,175 fr.   467,175 »
au lieu d'un bénéfice, l'opération complète pré-

sente une perte de........................... 1,294,105 fr.

« Attendu qu'ainsi s'évanouissent les second, troisième et quatrième faits;

« Quant au cinquième fait, attendu que, d'une part, d'après le rapport même, les actions auraient été vendues au cours moyen de 381 fr. par action, lorsque les premières ventes ont été faites au prix de 405 fr., de sorte que la baisse totale serait seulement de 24 fr.; qu'ainsi les ventes n'auraient pas déprécié les cours;

« Quant au sixième fait, attendu que, d'une part, d'après le rapport même, les actions auraient été vendues au cours moyen de 381 fr. par action, lorsque les premières ventes ont été faites au prix de 405 fr., de sorte que la baisse totale serait seulement de 24 fr.; qu'ainsi les ventes n'auraient pas déprécié les cours;

« Attendu que, d'autre part, les rachats n'ont jamais été faits dans les bas prix; qu'en effet, en mai 1859, lorsque depuis longtemps les ventes avaient cessé, les actions étant tombées à 150 fr., aucun rachat n'eut lieu; que les rachats ne commencèrent qu'en décembre 1859, lorsque la cote était remontée à 300 fr., et se renouvelèrent en décembre 1860, du 3 au 17, lorsque les actions étaient au cours de 390 fr.;

« Attendu, quant au septième fait, que les livres établissent et que les débats ont prouvé que l'application des actions sociales, au prix de 300 fr., laissait Mirès débiteur des titres qu'il a rachetés en décembre 1859 au prix de 290 fr., et réintégrés;

« Attendu qu'il n'est pas sérieusement contestable que cette double opération n'ait été faite de bonne foi dans l'intérêt de la Société en péril; que les besoins impérieux de la Caisse ne laissent aucun doute sur la cause réelle des ventes; que les époques de rachat ne laissent aucun doute sur le désir des gérants de maintenir et élever le prix des cours alors en amélioration;

que le secret de l'opération n'a eu lieu que pendant le temps indispensable pour opérer les premières ventes au nombre de
9,000; mais, qu'à compter du 1er janvier 1858, les ventes ont
été connues de tous les employés par la création du *compte-cou-
pon* no 2; qu'en effet ce compte se composait des coupons payés
aux acheteurs d'actions de la Caisse, pendant que les actionnaires,
dont les actions avaient été vendues à ces acheteurs, étaient
également crédités du revenu de ces mêmes coupons; qu'il n'y
avait donc plus de secret possible;

« Qu'aucune précaution n'avait été prise par les gérants l'un
contre l'autre; que Mirès avait le premier commencé, au mois
d'août 1857, l'opération que Solar avait aussi faite au mois de
décembre suivant; que la lettre de Roger à Mirès ne prouve aucune précaution respective; que les menaces de révélations
adressées par Mirès à Solar s'expliquent naturellement par le fait
que Solar n'était plus gérant et ne rendait pas à la Caisse les
1,646 titres qu'il avait encore à sa disposition; que Mirès n'avait
rien exigé de Solar, tant que Solar avait conservé la qualité de
gérant; que le mobile personnel attribué aux gérants disparaît
donc devant les faits établis, devant le compte courant de Mirès
et devant l'application du produit des ventes et des rachats à la
Caisse de la Compagnie;

« Attendu qu'en droit, le détournement n'étant punissable que
lorsqu'il a été fait au préjudice des propriétaires, et les actions
ayant été réintégrées avant toute poursuite, avant toute réclamation, aucun préjudice n'ayant été porté, le délit d'abus de
confiance ne saurait exister;

« Que, le détournement n'étant punissable que s'il est frauduleux, toute pensée de fraude étant écartée par les circonstances,
le délit d'abus de confiance ne saurait exister;

« Attendu enfin que la complète bonne foi de Mirès, son dévouement aux intérêts sociaux, la preuve éclatante que l'opéra-

tion était faite pour le compte de la Société résulte de cette circonstance décisive, qu'il a distribué des dividendes, lorsque le seul fait de la non-distribution aurait frappé les actions d'un discrédit considérable, dont il aurait seul profité, en rachetant les actions au prix qu'il aurait ainsi avili par son fait, par la suppression des dividendes;

« Qu'ainsi la Cour doit écarter la prévention d'abus de confiance par détournement des actions de la Caisse. »

Examinons à présent un prétendu détournement de certaines obligations du chemin de Pampelune à Saragosse. Lisons d'abord la sentence des premiers juges :

« En ce qui touche le détournement commis au préjudice de divers souscripteurs d'obligations du chemin de Pampelune à Saragosse :

« Attendu que le nombre des obligations du chemin de fer de Pampelune à Saragosse a été fixé par les statuts à 50,000; que, par une délibération de l'Assemblée générale des actionnaires, le nombre de ces obligations a été porté à 52,000, au cours d'émission de 250 fr.; que, cependant, la souscription s'étant élevée à 56,512 obligations, les gérants, dans le but avoué et condamnable de soutenir artificiellement les cours, au lieu de restituer le montant des versements aux souscripteurs pour lesquels il n'y avait plus d'obligations, ou de leur déclarer qu'il n'y avait plus d'obligations, leur ont remis en décharge de leurs titres provisoires, et au moment où ceux-ci faisaient leur dernier versement, des certificats nominatifs qui n'étaient eux-mêmes que des titres provisoires, et qui, au lieu d'engager la Société, n'engageaient que les gérants. »

C'est inintelligible. Si Mirès avait fait des promesses d'obligations, signées J. Mirès et Cᵉ, comment ces promesses n'engageaient-elles que lui seul ?

Continuons :

« Qu'ainsi Mirès et Solar ont, en 1860, détourné et dissipé, au préjudice d'un certain nombre de souscripteurs d'obligations du chemin de Pampelune à Saragosse, et notamment de Courtier, Flammermont, Blanchet, Levis, Gromard, Rosier, Sudet, Legendre et Hervieux, des deniers qui ne leur avaient été remis qu'à titre de mandat, à la charge d'en faire emploi et de les rendre et représenter. »

Je n'ai pas besoin de dire à la Cour que les porteurs ont tous reçu, qui son argent, qui ses obligations. Les débats ne laissent aucun doute. Où voyez-vous encore le délit? Tous les actionnaires ont été désintéressés.

M. LE PRÉSIDENT. — Ils n'ont pas tous reçu des obligations de Pampelune.

Mᵉ CRÉMIEUX. — Je dis qu'ils ont tous été désintéressés, en recevant ou leur argent ou des obligations. Si, au lieu de leur rendre des obligations, je leur rends leurs deniers, il est évident que je n'ai pas détourné leurs deniers. Et c'est pour ce détournement qu'on me condamnerait?

Permettez-moi, Messieurs, de vous expliquer cette affaire des obligations de Pampelune :

Quand on songe à tout ce qui s'est fait, de tout

7.

temps, pour influer sur le cours des fonds publics, sous le premier Empire, pendant les Cent-jours, sous la Restauration en 1814, durant la République, sous ce second Empire en 1852, l'on est vraiment surpris et affligé de voir Mirès si mal jugé à propos de ces actions de Pampelune. Il est bien vrai qu'on n'ose pas précisément affirmer un délit ; mais on jette le blâme le plus sévère sur l'acte que je vais rappeler à vos souvenirs.

52,000 obligations devaient être émises. On en a émis 56,000. Sur les 56,000, il en restait pour 30,000 francs à livrer à neuf actionnaires, le jour où Mirès est arrêté. Tous les porteurs de promesses d'obligations avaient reçu leurs titres. Il restait 30,000 francs à livrer sur 14 millions ! Quoi, vous dites à un homme qui a des centaines de millions en mouvement qu'il est coupable d'un détournement frauduleux de 30,000 francs, parce qu'il n'aurait pas remis leurs titres à neuf actionnaires ! Et vous l'accusez d'un délit ! Mirès l'aurait-il commis en émettant 56,000 obligations, au lieu de 52,000, afin de soutenir artificiellement le cours de ces valeurs ? C'est en cela que, selon les premiers juges, serait le fait blâmable. Est-ce un délit ? montrez-le-moi dans la loi : s'il y est, je m'incline. Mais il n'y est pas. J'ai émis 56,000 obligations, au lieu de 52,000 : une demande en dommages-intérêts peut m'être intentée, si quelqu'un a souffert. Mais personne n'a souffert. Les 30,000 francs ont été rendus. Si, d'ailleurs, Mirès n'eût pas été arrêté, il n'eût pas manqué de faire remettre aux clients qui avaient versé la somme de 30,000 fr. les obligations qu'ils attendaient de lui. Tous les autres souscripteurs ont bien reçu leurs titres! Le délit n'est donc pas dans l'émission de 56,000 obligations au lieu de 52,000. Il resterait donc ce fait, que Mirès n'a pas donné d'obligations à neuf individus, qui lui avaient remis 30,000 francs pour en recevoir selon ses promesses, et auxquels, je le répète, Mirès n'a pu en donner parce qu'il a été arrêté. S'il n'eût pas été arrêté, ces neuf clients ne pouvaient manquer d'avoir, pour leurs 30,000 francs, des obligations de Pampelune : Mirès en avait déjà livré pour 14 millions de francs, moins cette chétive fraction de 30,000 fr. Il avait livré 56,000 obligations, moins 120 !

Messieurs, vous êtes des hommes raisonnables, vous ne pouvez pas admettre qu'il y ait là un délit.

Mais on me demande « la morale de la pièce. » On me dit : Pourquoi avez-vous promis 56,000 obligations au lieu de 52,000 ? La morale de la pièce, elle est toute simple, toute naturelle :

Quand on émet une série d'obligations, de deux choses l'une : ou les demandes dépassent de beaucoup la quotité de l'émission, et, dans ce cas, on fait une réduction, et on donne à chacun une part proportionnelle à la demande; ou bien les demandes sont à peu près égales à la quotité de l'émission (ce qui est arrivé ici, car on a demandé 56,000 obligations au lieu de 52,000), alors, il faut retrancher. Mais quel retranchement pouvez-vous faire, quand vous avez 4,000 obligations de moins à distribuer sur 56,000 qui vous sont demandées ?

D'un autre côté, il ne faut pas croire que tous les souscripteurs qui reçoivent des obligations les gardent : il y en a qui, s'imaginant en obtenir 200, en demandent 500 : si on leur en donne 500, ils en ont 300 de trop, et ils veulent s'en défaire. D'autres en demandent 500, les obtiennent, et vont les vendre.

Le jour de l'émission, il y a toujours une hausse, autrement, pas d'émission possible. Bien des gens vendent aussitôt leurs obligations à 5 ou 10 francs de hausse.

J'oubliais de dire que les uns et les autres vendent, non pas le titre d'obligations qu'ils n'ont pas encore, mais les promesses qui y donnent droit. Ces ventes-là peuvent faire baisser le cours des obligations et compromettre la Société qui les a émises.

Mirès n'a pas voulu laisser tomber le cours des obligations du chemin de fer de Pampelune : il a racheté les promesses de titres vendues par les souscripteurs, — ce qui a maintenu les obligations à 5 ou à 10 francs de primes, et coûté 30,000 francs à la *Caisse générale des chemins de fer.* — Mais alors il en a livré à tous ceux qui se sont présentés munis de promesses d'obligations. Ainsi personne n'a été privé ; personne n'a été frustré ; et, si la *Caisse générale des chemins de fer* a perdu 30,000 francs, elle a été grandement dédommagée, le cours de l'émission ayant eu lieu avec une prime de 5 francs et de 10 francs.

Mirès a-t-il eu tort, pour maintenir ces obligations de Pampelune au prix d'émission de 250 francs chacune, de payer 5 ou 10 francs de prime, — sacrifice qu'il ne pouvait faire qu'en émettant 4,000 obligations de plus? C'est possible. Mais quand c'est sans aucun profit possible pour lui, quand c'est dans l'intérêt seul des actionnaires, est-ce un délit? Non. Neuf individus ayant versé 30,000 francs n'ont pas, — dites-vous, — reçu leurs titres. Quoi? Neuf individus sur cinq mille souscripteurs! Quoi? 30,000 francs sur 14 millions! Est-ce sérieux! J'ajoute que la faute n'en est pas à Mirès ; car il était en prison quand ces neuf clients se sont présentés à sa Caisse, où, d'ailleurs, le jour de son arrestation, se trouvaient plus de 3 millions de francs.

Vous vous obstinez à dire que j'ai soutenu artificiellement le cours des actions, fait que la morale réprouve.

Messieurs, étudions un peu la morale de la Bourse, pour bien savoir ce qu'elle a été sous les gouvernements passés, sous le gouvernement actuel. Faisons un peu d'histoire :

En 1811, je crois, Napoléon ordonna une vente considérable de biens des communes et de biens nationaux.

Comme cette vente influait beaucoup sur le mouvement des fonds publics, l'Empereur, d'accord avec Mollien, son Ministre des finances, racheta les bons de la Caisse d'amortissement, pour en maintenir le cours ; et le gouvernement eut la satisfaction d'atteindre en cela son but, grâce aux opérations faites, je le répète, par Napoléon lui-même et par Mollien, le plus intègre des Ministres.

Sous la première Restauration, 1814, le baron Louis, appelé au ministère des finances, fit un méchant tableau des finances de l'Empire, — faiblesse qu'il faut lui pardonner à cause d'autres qualités dont l'histoire lui tiendra compte. Le baron Louis eut, dis-je, la faiblesse de présenter les finances de l'Empire comme ayant été mal gérées. Il y avait à peine six mois que ce rapport était fait, lorsque l'Empereur reparut aux Tuileries, le 20 mars.

Qui fut mécontent? l'Empereur et Mollien. Et l'Empereur s'en est expliqué dans ses Mémoires avec cette énergie d'expression qui le caractérise :

« Savez-vous, dit-il, ce que faisait le baron Louis? Il agiotait sur les *reconnaissances de liquidation*, afin que la rente ne tombât pas. »

Le baron Louis avait émis des reconnaissances dé liquidation, et il les rachetait quand les cours faiblissaient.

Voilà la morale de la Bourse, sous Napoléon et sous Louis XVIII.

Messieurs, je n'ai pas fini! nous sommes à la Bourse, restons-y encore : il faut que vous entendiez ces choses-là pour juger Mirès. Je passe le règne de Louis-Philippe. N'ayant pas présent à la mémoire un fait historique précis, je ne veux pas inventer. La République arrive : savez-vous ce qu'on fait à la Bourse? Un cours de liquidation pour chaque titre et pour les fonds de l'État! On invente le chiffre! Il ne faut pas

accuser le gouvernement provisoire de ce fait audacieux : il appartient aux agents de change seuls.

Sous le gouvernement actuel, ceci est encore de
l'histoire, eut lieu la conversion du 5 p. 0/0, tant dé-
sirée sous le règne de Louis-Philippe. L'Empereur
avait, sur ce point, une idée arrêtée, et, quand il a
quelque chose d'arrêté, il l'exécute. M. Fould était un
habile Ministre des finances. La rente se trouvait à 107.
Sous l'influence de la conversion, elle allait baisser.
Une discussion s'éleva dans le conseil, discussion dont
nous ne savons pas la cause, parce que nous ne savons
plus rien. Toujours est-il que le débat renversa M. Fould
et amena M. Bineau. M. Bineau n'était pas un financier à la hauteur de M. Fould ; il s'en fallait de tout.

Voici ce qui se passa : la rente était descendue à
102 francs, à 101 francs 50 centimes; on espérait
qu'elle resterait là ; mais, M. Bineau n'inspirant pas de
confiance, la rente tomba au-dessous du pair. Panique. M. Bineau réunit la haute Banque, et, dans une
séance fort orageuse, voici ce qui fut décidé :

« Il faut racheter à 101 francs, 101 francs 50 centimes, et maintenir ce taux, péndant les dix jours ac-
cordés aux intéressés pour opter entre la conversion
et le remboursement. »

C'est ce que l'on fit, Messieurs, au moyen de 120 millions de francs du chemin de fer de Lyon, et avec le
concours de MM. tels et tels, que je ne nommerai pas,
parce qu'ils sont vivants.

Ainsi, pendant dix jours, par la volonté du gouvernement, avec le concours des banquiers, la *rente eut un cours fictif* AU-DESSUS DU PAIR. Les dix jours expirés, le *pair* disparut; depuis lors, personne ne l'a revu.

M. Bineau est mort : je le nomme.

Voilà, Messieurs, l'histoire de la Bourse; voilà ce qui s'est fait pour soutenir le cours des valeurs dans l'intérêt du gouvernement : et nous nous inclinons, nous trouvons que cela est très-bien... Si nous ne le trouvons pas bien, nous laissons passer. L'acte qu'on reproche à Mirès

.......*Si parva licet componere magnis.*

est si peu, si peu, qu'en vérité j'ose à peine le rappeler maintenant.

En effet, il a offert au public 4,000 obligations de plus qu'il ne devait en émettre! Lui aussi a soutenu le cours de ses valeurs; comparez ce fait, sans préjudice possible pour personne, avec le cours fictif imprimé à la rente pour éviter le remboursement!

Je tondis de ce pré la largeur de ma langue.

Messieurs, ce n'est qu'ici que l'on peut faire librement de l'histoire, et ceux qui nous écoutent emporteront cette conviction, que tout ce qui n'est pas contraire à la loi et à la vérité peut être dit à votre audience, et que l'on est toujours assuré de la bienveillance des magistrats quand on se tient dans les limites de la convenance et de la modération.

Je vais maintenant examiner ce que l'on appelle : « un abus de confiance, résultant du détournement d'actions de diverses natures. »

C'est quelque chose de désolant. Lorsque le Tribunal dit : « Il y a eu de faux dividendes distribués, » je comprends au moins l'imputation ; mais le délit que je viens de dire, comment l'établir? Il y a eu des valeurs diverses, remises à la *Caisse générale des chemins de fer* par trois personnes, la dame Delaloge, la demoiselle Grandjean et la veuve Bertrand. Ces dames avaient porté leurs titres chez Mirès : on leur avait ouvert un crédit, en inscrivant leurs titres au débit de la *Caisse générale des chemins de fer.*

On ne leur avait point donné d'argent : elles n'en ont jamais demandé. Après l'arrestation de Mirès, elles sont venues réclamer de l'argent ou leurs titres : c'était ou une somme de 62,000 francs, ou 199 obligations des Ports de Marseille qui leur revenaient. Or, il y avait en caisse plus de trois millions, et il restait 383 de ces obligations dans le portefeuille. Les liquidateurs avaient déjà délivré à d'autres personnes les titres de ces trois clientes, sans s'astreindre aux numéros.

On leur déclara qu'on ne trouvait pas leurs titres. La prévention veut que, n'ayant jamais touché d'argent de Mirès, elles lui aient confié un dépôt. Mais la Caisse avait reçu les titres contre des récépissés ne portant pas de numéros : elle avait donc ouvert à chacune d'elles un compte courant crédité de leurs titres, prête à livrer des avances quand les clientes en réclame-raient, et l'on avait mêlé leurs titres à ceux des autres clients de la Société. Néanmoins, on s'est entendu avec elles; on les a payées; elles n'ont subi aucun préju-dice. Cela s'est passé pendant que Mirès était en prison; les liquidateurs ont fait ce qu'il ne pouvait plus faire lui-même.

Voyons, Messieurs, y a-t-il là un délit? Devant tous ces millions que l'on fait ruisseler dans cette affaire, pour la rendre plus effrayante encore qu'elle ne l'est, vous viendriez faire un délit contre Mirès de trois petits comptes ouverts, peut-être à son insu, dans sa maison?

Mirès a dit au Tribunal : « Demandez à M. Barbet-Devaux, et il vous dira que, pendant trois ans, je n'ai pas mis quatre fois le pied dans les bureaux. » Et M. Barbet-Devaux reconnaît cette vérité. Comment voulez-vous, en effet, que l'homme qui préside à tant d'opérations importantes aille personnellement vé-rifier tous les détails de son administration? Quand vous lui demandez cela, il vous renvoie naturellement à ses employés : civilement, il pourrait être responsable d'une irrégularité, si elle avait été cause d'un préju-dice ; mais, au criminel, où est le délit ?

Je me rappelle une mauvaise querelle que l'on fit un jour à M. Duchâtel, à propos d'une lettre signée de sa main. Nous montâmes à la tribune, nous, gens de l'opposition, nous l'interpellâmes. M. Duchâtel, avec sa bonne et spirituelle naïveté, nous répondit : « Je l'ai signée, cette lettre, mais je ne l'ai pas lue. » Il y eut quelques murmures... injustes. Comment voulez-vous qu'un Ministre lise tout ce qu'il signe? Depuis lors, quelques-uns d'entre nous ont su, par expérience, qu'il fallait bien s'en rapporter à ceux qui entourent les Ministres, et que les Ministres ne lisent pas tout ce qu'ils signent.

Mirès, sans être un Ministre, était chargé d'immenses intérêts : il n'a pas su tout ce qui se passait dans ses bureaux.

Voilà, Messieurs, tout le procès, sauf la question des dividendes. Je demande la permission de ne pas la traiter aujourd'hui. Je n'en puis plus... Je prie la Cour de remettre la fin de ma plaidoirie à demain.

M. LE PRÉSIDENT. — L'audience sera continuée demain, à onze heures précises.

Audience du 27 août.

Me CRÉMIEUX. — Messieurs, nous n'avons plus à examiner aujourd'hui que le dernier chef de la prévention : Mirès aurait distribué à ses actionnaires quatre
dividendes non acquis.

Les premiers juges ont dit à ce sujet :

*En ce qui touche la répartition des dividendes non
acquis :*

« Attendu qu'on ne peut considérer comme constituant un dividende réellement acquis, dans le sens de l'article 13 de la loi
du 17 juillet 1830, celui qui est pris sur un excédant d'actif obtenu au moyen de la passation en ligne de compte des bénéfices
réalisés, de dissimulation d'articles qui devraient figurer au passif, ou d'exagération frauduleuse dans les évaluations de l'actif;

« Attendu que, dans l'inventaire de 1857, arrêté en conseil de
surveillance, le 24 août 1858, les gérants ont fait figurer à l'actif, comme constituant un bénéfice réellement acquis, une somme
de 4,375,000 fr., pour moitié de la commission sur les Chemins
de fer romains; que le bénéfice n'était point alors réellement
acquis, puisque, soit que l'on considère la Caisse générale des
chemins de fer comme un commissionnaire chargé de placer les

actions romaines, soit qu'on la considère comme ayant pris des actions à son compte, pour en opérer le placement, le bénéfice n'était acquis qu'autant que la commission était gagnée pour le service rendu, ou par la vente des actions ; que si les 170,000 actions ont été souscrites, et si 9,413 actions ont été délivrées, elles ont presque aussitôt été rachetées avec prime par la Caisse générale des chemins de fer, qui n'en a laissé que 155 sur le marché, et qui, en les concentrant ainsi entre ses mains, au grand préjudice de l'affaire, n'a pu ni gagner une commission pour un service qu'elle n'avait pas rendu, ni réaliser un bénéfice sur une vente qu'on n'avait pas faite ; qu'il y avait là sans doute la cause ou le principe d'un bénéfice, mais que, cette cause étant restée sans effet, et le principe sans conséquence, c'est à tort que ladite somme de 4,375,000 fr. figure à l'actif de l'inventaire de 1857 comme constituant un bénéfice acquis ;

« Attendu qu'en cet état de faits ainsi constatés, il n'est pas nécessaire de recourir sur ce point à une vérification nouvelle ;

« Attendu qu'il est constant et reconnu que, dans ce même inventaire, les gérants ont omis de faire figurer au passif les pertes éprouvées sur des marchés à terme ; qu'il suit de là que le dividende de 36 fr. par action distribué pour 1857 a été pris, non sur des bénéfices réalisés, mais sur le capital social. »

Je m'arrête ici, quant à l'année 1857, et j'appelle l'attention particulière de la Cour sur ces considérants, parce que je veux en profiter pour trancher une difficulté soulevée à propos des dividendes de 1857, 1858, 1859.

La loi, vous le savez, porte que les gérants qui, sans inventaire, ou sur inventaire frauduleux, ont

distribué un dividende non acquis seront condamnés.
Il ne faut donc pas chercher ici s'il y a ou s'il n'y a pas
des suppressions ou des augmentations dans un inventaire ; il faut savoir si les omissions ou additions sont
frauduleuses dans nos comptes, et si conséquemment
elles rendent frauduleux notre inventaire.

En fait, les omissions seraient sans importance : en
ajoutant au passif la perte sur les rentes à terme, l'actif
était encore plus que suffisant pour que le dividende à
distribuer fût pris sur les bénéfices. Mais l'omission
provient d'une circonstance particulière : de 1858 à
1859, une opération considérable était entamée. Il
était tout simple qu'on tînt secrète une affaire enga-
gée. Il y aurait eu imprudence à dire, alors, que la
Compagnie se trouvait dans une situation plus ou moins
favorable.

N'avoir pas mentionné cette opération dans l'inventaire ne serait donc pas une omission frauduleuse : la
nécessité de garder le secret nous servait d'excuse en
1857, et 1858. Puis, en 1859, quand nous avons soldé
les pertes avec d'autres bénéfices, notre secret de
1857 et 1858 s'est trouvé un acte de prudence.

La preuve, d'ailleurs, que Mirès ne pouvait avoir la
frauduleuse intention de dissimuler dans un inventaire
une perte de 572,000 francs, c'est que vous verrez
figurer, dans les inventaires suivants, des pertes de 1 et
de 2 millions.

Quant aux additions, elles nous amènent la question
soulevée par le Tribunal, des 4,750,000 fr. présentés,

en 1857, comme définitivement acquis. Voici l'opération sur laquelle je prie la Cour de se bien fixer.

Mirès avait acheté de la Compagnie romaine les chemins de fer romains. Il les avait achetés au prix de 175 millions, et il s'était entendu avec ses vendeurs, de manière qu'il avait, sur les 175,000,000 de francs, 35,000,000 de francs de commission. Ne vous étonnez pas du chiffre ; il avait l'obligation de payer les intérêts pendant toute la durée des travaux, d'acquitter la différence sur le poids des rails, de rembourser tous les frais d'étude, de voyages, et de subvenir à tous ceux d'administration et de surveillance. Le calcul le plus minutieux avait prouvé à Mirès qu'il y aurait à peu près 8 millions à payer, et qu'en conséquence il resterait 17 à 18 millions de commission à la Caisse des chemins de fer, pour laquelle traitait Mirès. Mirès fait deux parts de cette commission. Il distribue, en dividende, aux actionnaires de la Caisse générale, 8,750,000, dont 4,375,000 francs en 1857. Ce dividende était-il acquis ? Le Tribunal ne le pense pas, et voici comment il raisonne :

Le Tribunal dit : « Quand vous achetiez, vous étiez commissionnaire ou placeur d'actions pour le compte de la Compagnie ; et ce n'était qu'à ce titre que vous aviez droit à la commission. »

Le Tribunal se trompe : jamais Mirès n'a été, à l'égard de la Compagnie, ni commissionnaire, ni placeur d'actions. En effet, entre la Compagnie romaine et Mirès, le prix de la concession est fixé à 175 millions.

Pour qu'il ait droit à la commission, il faut dites-vous, qu'il ait des acheteurs, car la commission ne lui est due que pour le placement des actions ; il souscrit toutes les actions, *il achète*. Entre lui et la Compagnie, il n'y a plus rien à faire ; la Compagnie a placé toutes ses actions, puisque Mirès les a toutes achetées.

Si Mirès n'avait pas acheté ferme, s'il avait acheté avec la condition de placer les actions, et d'avoir la commission pour le placement des actions, le jugement pourrait se comprendre ; mais il n'y a rien de cela dans le contrat. Mirès achète ferme à 175 millions, et, quand il a acheté à 175 millions, il payera 175 millions ; car il s'est engagé au payement, et il payera, à moins de faire faillite. Mais il n'a pas fait faillite, il a constamment payé.

Mirès a donc acheté ferme, il a donc souscrit l'obligation de payer, et il a payé. Voici le résultat : sur les 175 millions qu'il devait, il a payé 100 millions ; il avait le droit de prélever, et il a prélevé les 35 millions que la Compagnie lui abandonnait, à la charge de remplir divers engagements, ce qu'il a fait.

Pourquoi cette commission ? Vous voulez que ce soit pour le placement des actions ? eh bien ! il avait placé toutes les actions. Pourquoi les avait-il placées ? Parce qu'il avait acheté ferme.

Je supplie la Cour de ne pas perdre de vue cet argument si simple et si incontestable : quand, au lieu de vendre à d'autres personnes les actions de la Compagnie, je les achète moi-même, que je les paye, est-ce qu'à l'égard de la Compagnie avec laquelle j'ai traité, à qui j'ai acheté ferme et payé, je ne fais par l'équivalent du placement de ses actions? Personne n'a le droit de dire que les actions n'ont pas été placées. Que je les place à moi ou à d'autres, n'est-il pas évident qu'entre la Compagnie que je paye et moi, toutes les actions sont placées quand je les ai toutes achetées, toutes payées? Le traité est donc consommé entre la Compagnie et moi. Je ne dois plus à la Compagnie que 175 millions, diminués du montant de la somme intégrale de ma commission, qui m'est dès lors légitimement acquise. Que je paye les intérêts durant les travaux, je les ai payés; que j'acquitte les diverses charges qui me sont imposées, je les ai acquittées; le surplus me reste acquis : le reste, c'était environ 18 millions.

Mirès n'a pris que 8,750,000 francs, soit 9 millions pour la commission. Il les a distribués en deux années : en 1856, 4,500,000 francs; en 1857, 4,500,000 fr. La prévention n'a pas parlé de 1856, parce que 1856 est couvert par la prescription, mais c'est en 1857 qu'il aurait donné 4,500,000 fr. non réalisés.

Je résume ce point. J'ai acheté, moi, Mirès, au nom de la Compagnie générale des chemins de fer, les Chemins romains au prix de 175 millions; les actions ont été placées le jour même de mon achat : puisque je me suis déclaré seul débiteur, seul acheteur, j'ai eu droit à la commission.

Supposez qu'au lieu d'acheter fermè, j'aie acheté pour

8

placer ; tant que les actions ne sont pas placées, je n'ai pas droit à la commission. Mais j'ai acheté ferme pour moi-même : devenu acquéreur, j'ai droit aux actions, le bénéfice m'est acquis : je le devais donc nécessairement à ceux qui avaient le droit de le prendre, à mes actionnaires, pour qui j'avais acheté, pour qui j'ai payé.

Le Tribunal ajoute : « Vous n'avez placé que 59,000 actions que vous avez rachetées. »

C'est l'expert qui fait ce calcul ; le Tribunal l'adopte sans s'apercevoir d'une erreur évidente : l'expert dit que Mirès avait encore 96,000 actions en portefeuille, il en avait donc placé 74,000. Que deviennent, dès lors, toutes les allégations de l'expert ?

Passons.

L'objection du Tribunal n'est pas sérieuse. J'ai acheté ferme ; toutes les actions sont placées : j'ai payé, personne n'a rien à me dire : j'ai donc bien gagné ma commission de 4,500,000 fr. pour la seconde année, comme je les avais gagnés pour la première.

Mais j'ai racheté les actions. Si je les ai rachetées, il est évident que je les avais placées ; on ne rachète pas ce que l'on n'a pas placé. Au reste, toutes les objections tombent devant le contrat lui-même. Le Tribunal a fait un contrat qu'il substitue au mien.

Ici je dois appeler l'attention de la Cour sur une autre partie du rapport qui a servi de base au jugement. Vous n'avez pas, dit-on à Mirès, gagné 9 millions, au contraire, vous avez fait des pertes considérables sur les Chemins de fer romains.

Le rapport dit :

« Non-seulement Mirès n'a pas fait de bénéfice, c'est-à-dire n'a pas droit à la commission qu'il porte comme bénéfice acquis, mais il a fait des pertes, et, en conséquence, il a donné des dividendes sur des espérances, et non sur des réalités. »

Lorsque Mirès eut acheté les Chemins de fer romains, qu'il les eut payés, car avoir à payer, c'est la même chose que d'avoir payé, quand on est *integri status*, il eut droit à sa commission. Cette commission fut déduite immédiatement sur le prix par une clause du contrat.

Si, plus tard, Mirès fait une perte sur une opération de rachat des actions, l'insuccès de cette opération ne change pas les causes de la commission ; la cause, c'est la vente des chemins : les chemins étant vendus, la commission est acquise.

Or, voici comment l'expert établit les pertes :

En 1857, les actions des Chemins de fer romains ont été rachetées par les gérants, et ils ont payé pour cet objet 2,187,897 francs. Donc, première perte sur les neuf millions, 2,187,897 francs.

Mirès avait l'idée que les Chemins de fer romains produiraient d'immenses résultats, et vous allez le comprendre. Le gouvernement romain garantissait 6 p. 0/0 d'intérêt. Il n'y a pas de chemin au monde où une garantie si considérable soit donnée. Les Chemins romains, malgré les circonstances politiques, sont une très-belle affaire. Ils vont traverser les plus belles et les plus fertiles contrées de l'univers. Ce que l'état actuel même amène de voyageurs dans ce délicieux et magnifique pays, dans la ville de Rome, qui est toujours Rome, laisse à penser ce que les chemins de fer devront y transporter, quand l'Italie, régénérée, aura son équilibre.

Mirès, avec cette intelligence qui lui appartient, vit des bénéfices considérables à faire sur les actions. Il en avait placé déjà 174,000, il les racheta avec prime. Il fut obligé de payer 2,187,897 francs pour les primes.

L'expert fait ce merveilleux raisonnement sur la commission de 9 millions : voilà plus de 2 millions perdus !

Comment ! j'ai acheté au prix de 175 millions, avec une commission que me laisse un important bénéfice, et, parce qu'il me plaît ensuite de faire, sur une affaire achetée, vendue, placée, une spéculation nouvelle, dans laquelle vous trouvez que je perds 2 millions, ma commission serait diminée d'autant !

Voilà l'expert. Et le Tribunal adopte !

Ce n'est pas tout ; voici qui est bien plus fort.

La perte de 2,187,000 francs est, en réalité, de 290,250 fr., pas davantage. En effet, sur la vente de ces actions, Mirès a fait un bénéfice de   500,947 fr.

Sur 139,530 actions, il faut déduire
10 fr. de primes.................. 1,395,300

        Soit une somme totale de. 1,896,247 fr.
qu'il faut soustraire. Il reste 290,250 fr.

Les liyres sont là ; l'expert n'en dit pas un mot, et le Tribunal fait comme l'expert.

En 1860, Mirès émet des obligations romaines.

Les circonstances ne sont pas favorables; il perd 2,784,000 francs sur cette opération. Mais, depuis 1856, son acquisition des chemins de fer était consommée. L'expert trouve qu'il faut retrancher de la commission acquise en 1856 cette somme de 2,784,000 francs perdue en 1860 ! Oui, il le dit dans son fameux travail.! Et le Tribunal adopte !

Vous n'êtes pas au bout : le 19 février 1861, la Caisse avait 96,000 actions; sur les cent mille rachetées avec prime, il en restait 96,000. 4,000 actions revendues avaient donné 190,000 francs de bénéfice. Mirès attendait le moment opportun, la mise en exploitation, pour revendre les 96,000 à meilleur prix encore; pour réaliser le bénéfice qui se réalise en ce moment même par ceux qui lui ont succédé.

En 1861, au 19 février, le jour de son arrestation, quand il est perdu, il faut payer une somme considérable. Comment faire ? Mirès s'entend avec Salamanca et lui dit : Vous me réclamez, au nom du gouvernement espagnol, des sommes que je ne peux payer; voilà des actions. M. Salamanca prend au prix de 300 francs 96,000 actions, qu'en 1860 il avait prises au prix de 400 fr. en payement du prix des travaux. L'expert dit : Vous avez perdu 9,600,000 fr., il faut les déduire de votre commission. En tout, vous perdez 14,000,000 de francs; votre commission est plus qu'engloutie. Vous avez donc distribué un dividende non acquis. Et le Tribunal adopte ! Au lieu de gagner 9 millions, j'en ai perdu 6.

8.

Comment ! j'ai acheté les actions, en 1856, sous la condition d'une commission : cette commission m'est acquise, dès ce moment, parce que j'ai acheté ferme et que j'ai toujours payé ; et de cela que j'aurais fait une combinaison, une spéculation qui, deux ans plus tard, m'a fait perdre 2 millions sur des obligations qui n'ont aucun rapport avec les actions qui étaient placées; de ce que j'ai perdu 2 millions, près de trois ans plus tard ; de ce qu'au moment d'une arrestation effroyable, les liquidateurs ont été obligés, pour me liquider, de céder à 300 francs ce qui me coûtait 400 francs, vous direz que je n'ai pas droit à ma commission ! Qui peut donc me l'enlever ?

Est-ce que, par hasard, la Compagnie à laquelle j'ai acheté est venue réclamer quelque chose quant à ma commission ? Est-ce qu'elle n'est pas diminuée sur mon prix d'achat ? Est-ce que je n'ai pas mis, dès lors, ces millions dans ma caisse ? Est-ce qu'ils ne m'étaient pas acquis ? Est-ce que toutes les opérations que j'ai faites plus tard auront quelque influence sur un résultat désormais irrévocable ?

Je vous demande pardon d'insister, Messieurs, mais que voulez-vous ? Ma commission m'était-elle acquise ou non ? M'était-elle acquise comme provenant de la vente ? Si elle provenait de la vente, a-t-elle été accomplie ou ne l'a-t-elle pas été ? Ai-je payé ou n'ai-je pas payé ?

A toutes ces questions, la réponse n'est pas douteuse. L'acquisition a été bonne, le payement a été fait ; la commission était donc acquise. Jamais la Compagnie concessionnaire ne m'a réclamé un denier de cette commission que je me suis appliquée, et on vient me dire que j'ai eu tort de la distribuer !

Voilà pour le premier point.

Ici M. Mirès se penche vers M⁰ Crémieux et lui soumet à voix basse quelques observations.

M⁰ CRÉMIEUX. — A la bonne heure !

Il y a de plus une lettre dont M. Mirès va vous donner lecture, et qui est le résultat d'une correspondance échangée entre lui et M. de Salamanca.

M. MIRÈS.—C'était en 1860, au moment où Solar partait et où je songeais moi-même à une liquidation. A ce moment, je fis avec M. de Salamanca un traité par lequel il s'engageait à prendre 95,000 actions à valoir sur le prix du traité des travaux que j'avais passé avec lui.

Voici la lettre qui annonce cette convention aux actionnaires : je vais la faire parvenir à M. l'avocat général.

M. L'AVOCAT GÉNÉRAL.—Ce n'est pas la peine. Lisez-la !

M. MIRÈS. — Elle est dans un volume imprimé, que je pourrais vous faire passer ; mais, si la Cour le désire, je vais la lire moi-même :

A MM. les actionnaires de la Caisse générale des chemins de fer.

Paris, 1ᵉʳ août.

« Messieurs,

« Dans votre assemblée ordinaire et extraordinaire du 31 janvier 1860, vous avez autorisé le conseil de gérance de la Caisse

« générale des chemins de fer à réduire le capital social à
« 20 millions de francs au moins, et vous lui avez en consé-
« quence donné les pouvoirs nécessaires pour distribuer, sur les
« valeurs composant l'effectif social, jusqu'à concurrence de
« 30 millions.

« Aux termes des résolutions de l'assemblée, cette distribution
« devait avoir lieu lorsque la Caisse générale des chemins de fer
« aurait opéré le placement du capital commanditaire de la So-
« ciété des chemins de fer romains et de la Compagnie du chemin
« de Saragosse à Pampelune.

« Nous avons l'honneur de vous faire connaître que ces condi-
« tions sont actuellement réalisées, et que nous y avons satisfait
« envers nos deux Sociétés dans les termes suivants :

« Pour la Société des chemins de fer romains, une convention
« est intervenue, le 16 mai 1860, entre cette Société et M. de
« Salamanca, ancien Ministre des finances de l'Espagne, conces-
« sionnaire et constructeur des chemins de fer de Saragosse à
« Madrid et Alicante, de Pampelune à Saragosse et des chemins
« de fer portugais. Par cette convention, M. de Salamanca a été
« chargé à forfait, et pour être exécutés dans un délai de trois
« années, de tous les travaux restant à concéder. Ainsi se trouve
« assuré le complet achèvement du réseau des chemins de fer
« romains avec son matériel fixe et roulant et sa mise en exploi-
« tation, sans que son capital social soit dépassé.

« M. de Salamanca, par une autre convention postérieure, in-
« tervenue entre lui et votre conseil de gérance, a pris, en paye-
« ment d'une partie des travaux, des actions de chemins de fer
« romains que la Compagnie générale des chemins de fer avait
« en portefeuille.

« Pour la Compagnie du chemin de fer de Saragosse à Pam-
« pelune, les payements à effectuer, aux termes des statuts, ont
« été opérés en janvier et juin 1860, et la Caisse générale des
« chemins de fer a réalisé le capital nécessaire pour solder en-
« tièrement le prix du chemin, lorsqu'il sera livré à l'exploita-
« tion, vers le mois de janvier prochain.

« Ainsi, Messieurs, se trouvent réalisées les prévisions qui
« ont servi de base aux résolutions de l'assemblée du 31 juin
« 1860. Notre conseil de gérance doit, par conséquent, se mettre
« en mesure d'opérer la réduction du capital social dans les
« termes fixés par ladite assemblée. Mais, avant d'entreprendre
« cette opération, il doit vous faire connaître, autant que pos-
« sible, le mode qu'il se propose d'adopter pour faire cette répar-
« tition et les mesures qu'il a prises pour en assurer l'exécution
« au double point de vue de la légalité et de l'équité.

« Sans pouvoir préciser d'une manière absolue... »

Mᵉ Crémieux. — Assez!...

M. Mirès. — Mais, pardon. Il faudrait lire jusqu'à
ce qui est relatif à l'assemblée...

Mᵉ Crémieux. — Non; nous n'y sommes pas encore.

M. Mirès. — C'est juste, Maître Crémieux; je vous
fais mes excuses.

M. le Président. — Oui, laissez continuer Mᵉ Crémieux.

Mᵉ Crémieux.—La vente de nos 96,000 actions était
donc faite à M. de Salamanca. Si, le 19 février 1861,
l'arrestation de Mirès n'eût pas eu lieu, on ne se fût
pas trouvé contraint à vendre 300 francs ce que M. de
Salamanca avait acheté 400 francs deux ou trois mois
auparavant.

Mais enfin, qu'importe la perte de 100 francs par
action en février 1861? Comment cette perte, éprouvée
cinq ans après 1856, peut-elle me faire perdre mes
droits de commission acquis depuis 1856? Quelle ré-
troactivité, grand Dieu! Il fallait l'expert pour trouver

une chose pareille! Mais, hélas! le Tribunal l'adopte.

Les Chemins de fer romains que Mirès possédait ont été repris par M. Delahante.

Et savez-vous où ils en sont les Chemins romains? Je lisais aujourd'hui même dans le *Siècle* que, le 1er septembre, le chemin jusqu'à Forli sera mis en exploitation. Sur tous les points, l'exploitation va se poursuivre : là où le chemin de fer n'appartient plus au gouvernement romain, mais au nouveau roi d'Italie, qui en a pris possession, on fait des efforts surhumains pour hâter les constructions. A la fin de 1861, une des plus grandes lignes sera terminée. Aujourd'hui, on met en exploitation ce qu'il y a de plus nécessaire et de plus magnifique dans ce réseau.

Les Chemins romains sont donc dans une situation excellente, et que va-t-il en résulter?

Pendant que le chemin de fer d'Orléans et le chemin de fer de Lyon étaient en construction, on a vendu les actions de ces chemins à 400 francs, 350 et même 300 francs. Aujourd'hui, les actions du chemin de fer d'Orléans, qui ont été divisées et subdivisées, valent 1,400 fr.; les actions du chemin de fer de Lyon, qui ont été aussi subdivisées, valent plus de 1,000 francs, et cela par une raison toute simple : ce n'est point pendant la construction que les actions des chemins de fer prennent leur essor, c'est avec l'exploitation.

Or, c'est pendant la construction que Mirès avait gardé dans sa caisse 100,000 actions romaines, pour attendre l'époque de la mise en exploitation; c'est pendant la construction qu'il avait fait cet acte d'excellente gérance. Ce n'est point par sa faute qu'est survenu l'événement par lequel tout s'est évanoui, et nous ne devrions point avoir à répondre à cette incrimination qui nous est faite, d'avoir distribué, en 1857, une commission acquise en 1856, et qu'auraient détruite des opérations faites deux ans, trois ans et quatre ans plus tard.

J'arrive au dividende distribué en 1858 :

« Attendu, dit le jugement, qu'il est constant et reconnu qu'une perte de 3,953,000 fr., sur des marchés à terme, a été omise au passif dans l'inventaire de 1858 ; d'où il suit que c'est encore illicitement, ladite somme devant venir en déduction de l'actif, qu'un dividende de 25 fr. par action a été distribué pour 1858. »

3,953,000 fr. ont été omis au passif. Ces 3,953,000 fr., je le disais tout à l'heure, sont la suite de la perte de 572,000 fr., qui avait été faite et qui se continuait sur une affaire qui ne s'est terminée qu'en 1859.

Je rappelle donc à la Cour ce que je lui disais : quelle que soit la somme qui a été perdue pendant l'année 1858, le gérant ne pouvait pas être tenu, alors que l'affaire allait d'ailleurs si bien sur les autres valeurs, de faire connaître une perte subie dans une opération qui n'était pas encore liquidée, et qui s'est continuée jusqu'en 1859, au mois d'avril, époque où la liquidation a été faite et où la perte, comprise dans le compte et mentionnée sur les livres, a été couverte par des bénéfices qui ont soldé le compte.

Il n'y a donc pas là une omission frauduleuse de la part du gérant.

Et remarquez ceci, je vous prie.

Qu'est-ce qui a fait... comment dirai-je? — l'erreur de l'expert? c'est la circonstance que voici : l'expert n'a voulu examiner que la rente française pour apprécier l'opération à la baisse.

Mais, à côté de la rente française, il y avait des opérations engagées sur une masse de valeurs diverses, et, — chose curieuse! — pendant que la rente française baissait, les autres valeurs haussaient. Il y avait hausse d'un côté, il y avait baisse de l'autre : les calculs ne pouvaient donc se faire sur les seules rentes françaises dans une opération à la baisse entreprise sur une masse de valeurs diverses; ils ne pouvaient se faire que sur la réunion de toutes. Par exemple, quand je perdais 3,953,000 fr. par la baisse de la rente française, je gagnais 2 millions sur les autres valeurs; je ne perdais donc plus que 1,953,000 fr. — Mais l'expert déclare que le travail serait trop long, et il ne le fait pas !

C'est à faire frémir, quand on songe qu'une condamnation à cinq ans de prison vient à la suite de pareilles déclarations !

Oui, à côté de cette valeur des rentes françaises dont a parlé seulement l'expert, il y avait engagement à la Bourse sur les valeurs diverses que voici :

10,125 actions du Crédit mobilier, — 1,550 Orléans, — 1,725 Autrichiens, — 1,325 Lyon, — 825 Midi, — 825 Est, — 475 Dauphiné, — 225 Nord, — 250 Saragosse, — 1,000 Lombards, — 150 Ouest, — 300 Genève.

C'est-à-dire que si l'on prenait cela comme capital, il y aurait là la représentation d'une somme de 32 millions. L'expert ne voit, lui, que les 375,000 fr. de rentes françaises ; il ne recherche pas autre chose, et c'est ainsi que le tribunal est conduit à dire que j'ai négligé de porter à mon passif 3 millions de perte sur les rentes françaises dont je n'ai pas tenu compte.

Je n'en tiens pas compte, parce que les engagements ne portent pas seulement sur les rentes françaises, mais sur toutes les autres valeurs dont je viens de parler, et que, comme j'ai la certitude que l'opération ne se terminera pas mal, je ne la signale pas encore cette année, mais je la signalerai tout à l'heure, en 1859, lorsqu'elle se terminera par un bénéfice, qui a permis de solder ce compte sans préjudice pour la Société.

Voilà pour 1858.

Veuillez encore écouter ceci :

En 1858, en 1859, en 1860, j'ai donné, me reproche-t-on, des dividendes non encore acquis. Or, en 1858, en 1859, en 1860, avait lieu cette fameuse opération de vente et de rachat par laquelle je voulais avilir les actions de ma Compagnie, pour, après les avoir vendues, les racheter à vil prix.

Eh bien ! pour les faire baisser j'avais un excellent moyen ; je n'avais qu'à dire à la Compagnie : « Nous perdons 3,953,000 fr. ; il est impossible de donner un dividende. » Que devenaient les actions ? Elles tombaient à un prix fabuleux , puisque sans cela, en 1859, elles sont descendues à 150 fr. Au contraire, je donne un dividende , un dividende non acquis! Cela pour avilir mes actions que cette distribution doit au contraire faire hausser !

Voulez-vous une autre preuve de la bonne foi du gérant ?

Il n'avait aucune part dans les bénéfices, qu'après le prélèvement fait de 5 0/0 pour les actions. En 1858, en 1859, en 1860, il n'a distribué que 5 0/0 ; par conséquent, rien pour lui. Voyez la mauvaise foi de ce gérant, qui, d'une part fait une opération immense, dans laquelle il doit gagner deux ou trois millions, en écrasant le prix des actions, et qui, d'autre part, donne des dividendes qui relèvent les prix qu'il veut écraser, et ne lui donnent aucun bénéfice ! ne lui rapportent absolument rien, à lui, rien !

Voilà pourtant l'homme condamné à 5 ans de prison ; voilà l'homme qui dit : « Je crois avoir été honnête jusqu'au dernier jour, » et à qui on répond qu'il est un escroc et que l'on frappe de cinq ans de prison !

Et remarquez qu'il ne connaissait pas tous ces griefs ; l'expert ne conférait pas avec lui ; il n'avait pas de communication avec ses avocats ; il n'a pu en avoir que deux mois et demi après son arrestation ; et, ce qui n'est arrivé à personne, il a été frappé de mort civile.

Cet homme innocent, car, avant que votre arrêt le déclare coupable, il est innocent, cet homme a été privé de ses droits d'homme en société ; on a déclaré que les administrateurs provisoires de la Compagnie seraient les administrateurs de ses propres biens.

Et pourtant, quand je vous demande un arrêt qui vienne le rendre à la famille et à la société, je ne vous le demande pas en réparation de ce qui peut avoir été fait d'extraordinaire à son égard dans ces circonstances qui n'ont pas d'égales ; j'explique seulement comment on est arrivé à le présenter comme un grand coupable. Que reste-t-il de tant d'accusations ?

J'arrive à 1859.

Il s'agit encore d'un bénéfice non acquis que le tribunal ne veut pas admettre, et qui va faire distribuer un dividende factice par suite d'un inventaire frauduleux.

Le tribunal s'exprime ainsi :

« Attendu qu'à l'inventaire de 1858, les gérants ont porté à l'actif, comme constituant un bénéfice acquis, une somme de 9,151,750 fr., représentant le profit de la Caisse générale des chemins de fer sur l'opération du chemin de fer de Pampelune à Saragosse, mais que ce bénéfice, qui ne pouvait être réalisé que par le placement des actions de la Compagnie fondée par Mirès au nom de la Caisse et par Salamanca, n'était pas acquis au 31 décembre 1859, jour de l'inventaire, la souscription pour l'émission des actions n'ayant été ouverte que le 27 mars 1860 ;

« Attendu que les gérants ont omis de porter au passif du

même exercice une perte de 1,600,000 fr. sur des marchés à terme ;

« Qu'ainsi ils ne sont arrivés à distribuer un dividende de 25 fr. par action, qu'en dissimulant des pertes et en comptant comme réellement acquis des bénéfices futurs et éventuels. »

Relativement aux 1,600,000 fr. de perte omis dans l'inventaire, l'omission n'a aucune importance, si les 9 millions sont acquis ; car on n'a distribué que 25 fr. d'intérêts, soit 2,500,000 fr.

Le bénéfice de 9,151,750 fr. était-il acquis ?

C'est la répétition, sous un autre aspect, de ce que j'ai eu l'honneur de vous dire sur les chemins de fer romains.

Le chemin de fer de Pampelune à Saragosse avait été acquis par M. de Salamanca ; il en était devenu concessionnaire à Madrid, et M. de Salamanca l'avait cédé à la Caisse des chemins de fer, à raison de 145,000 fr. par kilomètre. Aussitôt que le chemin eut été acquis par Mirès, Mirès songea à le transporter à une Compagnie anonyme, dont M. de Salamanca, qui connaissait parfaitement le terrain espagnol, lui avait parlé d'avance. MM. Mirès et Salamanca, Mirès pour quatre cinquièmes, Salamanca pour un cinquième, transportent dans une Compagnie anonyme, au prix de 200,000 fr. par kilomètre, le même chemin que Mirès avait acquis au prix de 145,000 fr. Il y a donc, comme bénéfice, la différence de 145 à 200,000.

On a fait à Mirès, pas à Salamanca, qui heureusement n'a pas été cité, un reproche d'avoir vendu
200,000 fr. ce qu'il avait acheté 145,000 fr. Est-ce
sérieux ? Mirès a commencé par verser une somme de
9 millions pour pousser les travaux. Voici, d'ailleurs,
ce qui s'était passé :

Il y avait eu une assemblée de tous ceux qui étaient
intéressés à former la société anonyme ; cette réunion,
toute espagnole, avait eu lieu à Madrid ; on avait
demandé au gouvernement de donner l'anonymat à
cette association ; le gouvernement espagnol l'avait
donné. Et vous, vous venez me demander compte, à
moi, Mirès, de ce que le gouvernement espagnol a
accepté le prix de 200,000 fr. par kilomètre pour la
Compagnie anonyme, lorsque la première concession
avait eu lieu à 145,000 fr. ! Le gouvernement espagnol
l'a accepté, par conséquent le bénéfice est acquis, le
bénéfice est bien à moi.

Remarquez, d'ailleurs, que, parmi les actionnaires,
personne ne s'est jamais plaint, que tout le monde
a parfaitement accepté ce qui est relatif à la Compagnie anonyme du chemin de fer de Pampelune à Saragosse.

Ce chemin de fer de Pampelune à Saragosse est aujourd'hui terminé. Au moment où je vous parle, les
journaux annoncent que le premier convoi doit partir
le 1er septembre pour faire le trajet, et que l'exploitation aura lieu immédiatement ; le chemin est fini de
Saragosse à Pampelune ; il ne reste plus que le trajet

de Pampelune à la frontière française, soit par le côté du Nord, soit par le côté du Midi.

Grande et belle entreprise ! Ou la continuation aura lieu par le chemin de fer du Nord, qui appartient à une puissante Compagnie, ou par un prolongement de Pampelune à la frontière de France : dans les deux cas, il n'y aura plus de Pyrénées. Le chemin de Pampelune est une magnifique opération. Il a tenu tous ses engagements, il a donné à la Caisse, pour la différence de prix de 145,000 fr. à 200,000 fr. par kilomètre, un bénéfice de 9,151,750 fr. Mirès l'a fait figurer dans ses comptes en 1859, et on lui apprend que ce bénéfice n'était pas acquis.

Nous ne l'avions pas acquis ! Comment ! lorsque la Société est constituée, lorsque tous les hommes qui en font partie sont résolus à ne reculer devant aucune de leurs obligations (et la preuve, c'est que toutes les obligations ont été accomplies), vous venez dire qu'il faut attendre, pour distribuer les 9 millions, que les actions soient placées ! J'ai apporté le chemin à la Compagnie anonyme, aux conditions que je viens de dire. Quand la Compagnie anonyme a été constituée, elle a voulu placer ses titres, et Mirès alors, au mois de mars 1860, a ouvert une souscription pour les actions et les obligations de Pampelune.

Cette souscription a été couverte et au delà, puisque nous discutions hier au sujet des 4,000 obligations émises en plus.

Mirès a fait, au mois de mars 1860, le placement

de toutes les actions de cette Compagnie. Mais, à cause de cela, vous prétendez qu'il n'avait pas droit à son bénéfice avant que toutes les actions fussent placées! Mais dès le jour où la Compagnie anonyme était constituée et acceptée par le gouvernement espagnol, l'affaire était faite pour Mirès; mais le bénéfice consistant dans la différence entre 145,000 fr. et 200,000 fr. par kilomètre était acquis, il avait ses 9 millions dès que la Société anonyme, acquéreur de la concession au prix de 200,000 fr. le kilomètre, était légalement établie; mais le placement des actions en mars 1860 a été fait pour compte de notre Caisse à qui elles appartenaient, non pour compte de la Société de Pampelune qui n'avait rien à y prétendre.

Voilà pour 1859. Il n'y a pas d'autres faits, car, si mes 9 millions existent, je pouvais en disposer, et je n'ai distribué aux actionnaires que 2,500,000 fr. Je pouvais, j'aurais dû peut-être alors distribuer une somme plus considérable. Mais les événements s'aggravaient, l'atmosphère devenait noire pour les affaires de cette nature, et Mirès, voulant prévoir l'avenir, ne distribua que 25 fr., quand il aurait pu distribuer un dividende plus considérable.

Reste le dividende de 1860. C'est le dernier point heureusement. Voici comment le tribunal s'explique à cet égard :

« Attendu que l'inventaire de 1860 se solde par un excédant d'actif de plus de 4 millions, qui n'a pu être obtenu qu'en exagérant certains articles — (lesquels ?) — ou en ne leur faisant pas subir des réductions nécessaires — (lesquelles?) — dans l'intention évidemment frauduleuse de présenter des résultats brillants, de nature à en imposer aux actionnaires et au public, et que c'est ainsi que Mirès est parvenu à distribuer pour 1860 un dividende de 25 fr. par action. »

Je ne sais pas ce que cela veut dire. Il ne faut pas d'énigmes dans un jugement correctionnel. Le rédacteur du jugement a, d'ailleurs, mis tant de clarté dans tous les autres points que j'ai le droit d'être étonné sur celui-ci.

Qu'est-ce que cela veut dire : Exagérant certains articles, ne leur faisant pas subir des réductions nécessaires dans l'intention frauduleuse de présenter des résultats brillants? C'est fort obscur, ce devrait être fort clair.

Mais voici ce qu'ajoute le jugement ;

« Attendu qu'il importe peu que le dividende de 1858, de 1859, de 1860, n'excède pas l'intérêt du prix d'émission des actions de la Caisse générale des chemins de fer; que les intérêts, qui sont le profit du capital, quand surtout il s'agit d'une caisse financière, ne peuvent être perçus que lorsqu'il y a un profit, et constituent, dès lors, un véritable dividende. »

Quoi! vous confondez les intérêts et le dividende? Pourtant ce serait une discussion fort grave; mais je me bornerai à signaler à la Cour cette doctrine.

Voilà, sur ce point, tout le jugement; il ne s'explique sur rien; mais ce que le tribunal ne dit pas, c'est l'expert qui le dit.

D'après l'expert, il y avait en 1860 une perte de 1,604,000 fr. Je prie la Cour de vouloir bien me suivre dans les détails que je vais donner à cet égard; c'est plus curieux que tout ce que nous avons vu jusqu'ici.

Voici ce que dit l'expert :

« Les bénéfices, ressortant de la balance du 31 décembre 1860, par 3,470,720 fr., sont modifiés pour cet exercice par une autre balance au 19 février 1861, présentant une perte de 4,604,802 fr. »

Il est déplorable que l'expert n'ait pas fait connaître cette balance. Je l'ai lue, je la fais imprimer, demain elle sera sous les yeux de la Cour. Quoique je ne l'aie pas sous les yeux dans ce moment, voici ce qu'elle porte.

Elle est divisée en deux parties. Dans la première partie, on parle des pertes qui ont été réellement subies, au mois de février 1861, sur les objets portés au crédit de 1860. Elle commence par ces mots : 1° dividende distribué pour le coupon aux actions, 2,500,000 fr.; par conséquent la balance commence par accepter les 2,500,000 fr. que nous avons distribués. C'est une justification complète du dividende. Quelles que soient les pertes subséquentes, dès qu'il y a eu de quoi payer les 2,500,000 fr. on ne peut pas dire que Mirès n'avait pas le droit de les donner.

Venons aux 1,604,000 fr. de perte.

Les livres de M. Mirès avaient été mis sous le séquestre; la plainte de l'associé avait produit son effet, et quoiqu'on eût payé ce dernier, quoiqu'on eût levé le séquestre, comme la poursuite se continuait par le ministère public, qui ne pouvait pas entrer dans tous ces arrangements, s'il croyait au délit, le désespoir s'était emparé de tous ceux qui étaient aux alentours de Mirès.

Le jour où la justice frappe un homme dans notre pays, même quand sa culpabilité est rejetée et son innocence démontrée plus tard, dès ce jour, il n'est plus rien. Tel est l'empire qu'exerce votre justice que, du moment qu'un homme est saisi par elle, toutes les préventions se soulèvent contre lui. Il y a dans cette importance de vos décisions, de vos déclarations, de vos actes, quelque chose de magnifique, de grand. Chacun sent que vous ne vous déterminez que parce que les devoirs les plus rigoureux l'exigent; et jamais cette belle idée qu'on a de votre justice ne s'évanouira, tant que vous rendrez la justice comme vous le faites. Cet homme a été saisi; il a été perdu immédiatement. Il fallait verser 8 millions pour le chemin de Pampelune à Saragosse; il donne, en février 1861, 18,000 actions, sur chacune desquelles il perd 100 fr.! 100 fr.! 1,800,000 fr. de perte! Et ce chemin est dans une si belle position que, aujourd'hui, avant qu'il soit mis en exploitation, ses actions s'élèvent vers le pair et vont le dépasser demain, dès que l'exploitation sera commencée. Il les donne avec cette déclaration pourtant que si elles se placent à un prix plus élevé, il y aura partage entre lui et Salamanca ; néanmoins, les 1,800,000 fr. sont comptés comme perdus et on porte en perte 1,800,000 fr. !

Puis, quand il est en prison, de nouvelles négociations se font sans son concours, absolument comme si la mort civile l'avait frappé. On finit l'affaire de l'emprunt ottoman, et on perd sur cette affaire une somme de 2 millions. C'est ainsi qu'au lieu d'un inventaire au 31 décembre, portant un bénéfice de 4 millions, une liquidation faite au 19 février fait perdre 1 million 604,000 fr., et c'est là-dessus que le Tribunal, bien embarrassé pour statuer, a dit : On a augmenté tel article ; on a omis de diminuer tel autre. Il n'a pas dit lesquels, car cette fois la base lui manquait absolument. Il voyait un délit, il était convaincu qu'il existait sans savoir au juste où porter sa déclaration ; sa conscience lui disait : voilà un délit qu'il faut punir, et il l'a déclaré confusément. Mais vous, qui jugez en dernier ressort, vous verrez que cette balance n'a rien de commun avec la balance de 1860, que les abominables pertes que Mirès ne pouvait prévoir ne pouvaient évidemment pas lui enlever, au mois de février, les bénéfices réalisés au mois de décembre.

Voilà tout ce qui concerne la distribution des dividendes. Et maintenant laissez-moi vous redire un insurmontable argument : c'est que ce dernier délit est en contradiction manifeste avec le premier. Le premier délit consiste dans ceci : Mirès a fait des opérations à la baisse pour écraser les cours de ses actions et pour les racheter à vil prix ; le second délit consiste dans ceci : Mirès a distribué des dividendes qui relevaient le prix de ses actions!

Quand une accusation se signale par une aussi éclatante contradiction, elle est jugée.

Voilà mon procès, j'ai tout parcouru. Je puis avoir oublié quelque chose, je n'en ai pas de regret : après le rapport que nous avons entendu, nous sommes bien certains que rien ne sera omis dans la délibération; après l'attention immense que vous avez apportée à ce long débat, nous avons bien la conviction que rien ne sera omis dans le jugement. Aussi, en finissant, je veux me permettre de dire un mot à celui qui occupe le siége du ministère public et pour lequel, depuis plus de vingt ans, j'ai une affection qui s'est augmentée par ses succès et qui est, en quelque sorte, paternelle.

Voilà l'homme frappé de cinq années d'emprisonnement. Il était, il y a quelques mois, au sein de toutes les richesses, de toutes les jouissances, de tous les plaisirs que le monde peut donner, entouré alors comme l'est la fortune, je ne dis pas dans ce pays, partout, car ce n'est pas de notre temps qu'Ovide écrivait :

« *Tempora si fuerint nubila, solus eris,*

mais :

Donec eris felix, multos numerabis amicos... »

Les amis enveloppent la fortune, et je dirai plus,

quand ils l'enveloppent, ils savent bien en arracher les morceaux. Il était donc entouré d'amis, il en avait sa maison pleine, et tout à coup, le voilà saisi par la justice, jeté dans une prison qu'on a pu matériellement lui rendre un peu plus supportable, mais qui n'est pas moins, je le sais aussi, une prison de cinq pas de long sur cinq pas de large. Il est aujourd'hui assis sur ce banc, et frappé de cinq années d'emprisonnement. Ce que je vous demande à vous, qui savez que, si la modération et la réserve sont des qualités précieuses dans le langage de l'avocat, elles sont des vertus publiques dans le langage de l'avocat général, ce que je vous demande en grâce, c'est de ne pas surexciter par vos paroles un caractère bien irritable, mais un cœur bien bon.

Parlez-lui avec d'autant plus de bienveillance qu'il a été frappé par une condamnation, et que *res sacra miser!* Vous verrez qu'il restera calme et impassible devant vos paroles, auxquelles je serai chargé de répondre, comme il l'est depuis que, par la bienveillance de tous, il a trouvé ici un appui et un secours, qui sont une consolation immense dans son malheur.

Et vous, Messieurs, quand vous entrerez dans la salle de vos délibérations, souvenez-vous que l'homme qui est là, vivant dans un milieu que vous pouvez maintenant apprécier, a fondé des Sociétés considérables, qui toutes survivent à la chute de leur auteur; qu'il n'y en a pas une qui se soit évanouie et que la plupart prennent aujourd'hui un grand développement; souvenez-vous que non-seulement aucun actionnaire ne s'élève contre lui, mais que la masse des actionnaires tend vers vous des mains suppliantes, comme celles que nous vous tendons en ce moment; souvenez-vous, ce qui n'est jamais arrivé peut-être, que cet homme qui a été livré, en quelque sorte, en pâture à la publicité, n'a pas, depuis son arrestation, trouvé un seul ennemi dans ceux qui l'entouraient, et qu'un jugement flétrissant n'a pu lui ravir les plus consolantes sympathies!

Mirès s'est-il trompé en agissant comme il l'a fait? Oh! c'est bien possible; mais, s'il s'est trompé, vous ne voudrez pas frapper une erreur comme vous frapperiez un crime. Que si, au contraire, malgré tous nos efforts, vous arrivez à cette pensée qu'il y a un délit là où nous pensons qu'il ne peut y avoir qu'une erreur de droit, est-ce qu'il n'aura fait tant de choses considérables, traversé tant d'événements inattendus, dépensé tant d'efforts, que pour venir échouer de la façon la plus misérable sur les bancs de la police correctionnelle? Et quand il est prouvé qu'il n'y avait pour lui aucun bénéfice possible, quand c'est pour l'intérêt social qu'il a cru agir, ce n'est pas lui seul qu'on atteint; c'est une épouse fidèle et dévouée à frapper; c'est une jeune mère à briser dans toutes ses affections; c'est une de ces familles qui remontent avec éclat aux temps de notre ancienne monarchie à frapper aussi! Quoi! tout cela ne vous arrêterait pas!

Il y a là des faits dignes de toute votre attention. Si la vanité l'entraîna, la vanité, au milieu de tant d'entreprises ne se conçoit-elle pas dans notre faible nature ? Je lisais encore tout récemment un jugement de police correctionnelle qui fait de cette vanité de banquier une circonstance atténuante.

Le prévenu cité devant elle, qui voulait élever une concurrence et une rivalité au grand établissement du Crédit mobilier, avait fini par métamorphoser ses actionnaires en marchands de sel.

Le tribunal, entrant dans une voie meilleure, s'est décidé, tout en blâmant avec sévérité, à frapper avec indulgence : une condamnation à 3,000 fr. d'amende, acceptée par le condamné, voilà de la justice humaine !

Comparez, Messieurs, et examinez : Mirès a fait ce qu'il a cru qu'il pouvait faire : s'il a vendu, c'est qu'il a cru qu'il pouvait vendre. Eh bien ! dans le cas où vous croiriez devoir le frapper, cela vaut-il une condamnation flétrissante ? Cela vaut-il que vous le déclariez coupable d'escroquerie, c'est-à-dire de ce qu'il y a de plus vil ?

Tout cela, Messieurs, vous le pèserez dans le secret de vos délibérations souveraines ; vous tiendrez juste la balance qui va peser cette destinée si extraordinaire. De quel côté penchera-t-elle ? Comment douter ? Moi qui vous connais, pardonnez-moi, je dis à Mirès : Ayez confiance, beaucoup de confiance !

RÉPLIQUE DE Mᴱ CRÉMIEUX.

M. ʟᴇ Pʀᴇ́sɪᴅᴇɴᴛ. — La parole est à Mᵉ Crémieux pour la réplique.

M. Mɪʀᴇ̀s. — Je demande à faire une observation à l'égard de M. le comte Siméon.

M. ʟᴇ Pʀᴇ́sɪᴅᴇɴᴛ. — Vous n'avez pas qualité pour défendre M. le comte Siméon.

M. Mɪʀᴇ̀s. — Je veux seulement constater que, dans le sein du conseil de surveillance, c'est M. le comte Siméon qui m'a fait le plus d'opposition.

M. ʟᴇ Pʀᴇ́sɪᴅᴇɴᴛ. — Maître Crémieux, vous avez la parole.

Mᵉ Cʀᴇ́ᴍɪᴇᴜx. — Quand le ministère public fait entendre les graves et solennelles paroles qui s'adressent aux plus nobles sentiments du cœur humain, à la probité, à la morale, à l'honnêteté publique, il acquiert les sympathies de tous en remplissant un grand devoir. Aussi qu'il me permette de dire que je n'avais que mon approbation, de si peu de valeur qu'elle puisse être, à donner aux premières paroles de l'exorde qu'il a prononcé hier ; mais, à mesure que je l'ai entendu développer la prévention qu'il était chargé de soutenir, je n'ai plus reconnu la prévention elle-même. La Cour me rendra cette justice, que j'ai resserré le terrain de notre discussion dans les limites les plus étroites ; j'ai senti que, devant une Cour qui remplit si consciencieusement et si patiemment le devoir qui lui est imposé par la loi, il fallait ne pas abuser de l'immense bonté dont elle nous comble, et lui dire simplement ceci : Voilà un jugement qui a été rendu et qui me frappe de cinq ans d'emprisonnement pour cinq faits qui me sont reprochés. Ces cinq faits sont-ils vrais ? Le droit ne dit-il pas que vous ne devez pas me condamner ? Voilà toute la question. J'ai ajouté : au nom du ciel, ne rentrez pas dans des discussions inutiles, ne soulevez pas l'homme qui, devant la Cour, s'est montré plein de déférence et de respect ; laissez-nous plaider l'affaire elle-même, telle que, du siége du ministère public et du banc de la défense, occupés l'un et l'autre par des gens qui comprennent leurs devoirs, il convient de la présenter devant la Cour.

Eh bien ! hier, vous avez entendu pendant trois heures un réquisitoire bien étudié ; mais du procès, rien. C'est aujourd'hui seulement que le ministère public est entré dans le débat ; et vraiment, si je voulais le suivre dans la carrière qu'il a parcourue hier, il serait nécessaire de continuer à demain le procès, et je ne sais plus quand nous en finirions.

Il faudra donc que vous me pardonniez un peu et que vous voyiez les motifs qui me déterminent, si je ne suis pas le ministère public dans des détails où le fil d'Ariane même ne pourrait pas me guider, et si je prends la cause telle que je crois que pour vous et pour nous elle doit être prise.

Seulement il y a quelques points sur lesquels il m'est impossible de ne pas revenir.

Il y en a un qui, vous l'avez vu hier, a remis la colère dans le cœur de cet homme, qui l'en avait chassée ; car, vous vous en souvenez, il a rétracté publiquement ce qu'il avait dit d'irréfléchi dans un interrogatoire qui s'est continué avec une nouvelle bienveillance pendant quatre heures. Vous lui avez adressé encore, et pourquoi ? une interpellation complétement inutile dans le débat actuel. Vous l'avez provoqué ; vous lui avez dit : Voyons, qui vous a donc promis qu'on ne vous poursuivrait pas ?

M. LE PRÉSIDENT. — Maître Crémieux ! *Provoqué* est une expression qui, évidemment, ne rend pas votre pensée. Le ministère public ne provoque jamais.

Mᵉ CRÉMIEUX. — Je suis certain qu'entre le ministère public et moi il ne peut pas y avoir de difficulté, et que si, dans l'improvisation, une parole m'échappait qui ne fût pas bonne, il comprendrait bien qu'elle ne part pas de mon cœur. La Cour peut donc être tranquille.

Si ce n'est pas une provocation qu'il adressait, c'est une interpellation, et quelle interpellation ? Qu'est-ce que cela fait au ministère public que Mirès pense qu'on avait promis de ne pas le poursuivre et qu'on l'ait poursuivi ? Est-ce que c'est là la question ? Ceux qui lui auraient promis, et qui auraient eu tort de promettre, ne lui auraient-ils pas tenu parole ; qu'est-ce que cela fait à la justice ? On en a parlé dans les débats en première instance. Soit ! Mais c'est le réveil d'Épiménide ! il y a mille ans depuis le débat de 1re instance ! Est-ce que devant la Cour nous en avons dit un mot ? Est-ce que Mirès est venu ici, rappelant ce qui avait été dit dans une autre enceinte et cédant à votre insistance, parler de cette promesse ? Que voulez-vous qu'il dise ? Oui, on me l'avait promis. Vous lui donneriez un démenti. Que voulez-vous qu'il dise ? C'est telle personne. Vous lui répondez : Ce n'est pas vrai. Après ? Qu'est-ce que vous y aurez gagné ? Rien.

Ce n'est donc pas là le procès. Restons dans l'affaire ; elle est bien assez grave et assez difficile, elle prend bien assez les moments de la Cour pour que nous la traitions en elle-même et sans aller chercher au dehors ce qui ne s'y trouve pas. Entrons dans l'arène et commençons la bataille franchement et nettement.

Nous sommes deux lutteurs, l'un représentant la société au nom de laquelle il parle, — rien de plus noble, rien de plus grand ! — L'autre représentant l'accusé, et demandant à la Cour de briser un jugement qui a frappé en lui tout, fortune, honneur, considération. — Rien de plus sympathique ! Restez à votre place si élevée ; moi je reprends la mienne, si belle, et nous allons voir entre nous deux qui aura raison devant la Cour.

Mais, avant tout, qu'il me soit permis de dire quelques mots sur certains personnages au sujet desquels il faut s'expliquer pour n'y plus revenir.

M. de Pontalba ! La Cour a vu avec quelle réserve je suis entré dans l'examen de ses actes. On m'a dit : Vous n'avez pas à en parler ; M. de Pontalba n'est pas ici.

Il y est, partout, à tout instant, à toute minute ; il éclaire d'une lueur sinistre et fausse toutes les parties de cette affaire. Il n'est pas ici ! Mais jamais aucun témoin n'est ici quand nous plaidons devant la Cour ; c'est contre les témoignages écrits que nous plaidons, et, par conséquent, en vertu d'une pareille théorie, nous ne pourrions jamais nous élever contre aucun témoin. Or, la poursuite tout entière repose sur sa dénonciation. Il est donc ici.

Mais que nous importe maintenant tout ce qu'a pu faire et dire M. de Pontalba ? Nous avons à examiner, non pas s'il a été vrai et sincère dans sa plainte, mais seulement si les faits du jugement sont exacts. C'est ce que nous verrons tout à l'heure.

Quant à M. Barbet-Devaux, que lui fallait-il encore? Comment! il s'était plaint, et le client avait eu, j'allais dire la générosité, d'abolir d'un mot et par écrit ce qui avait été dit contre lui, et voilà qu'hier on fait de M. Barbet-Devaux le plus pompeux éloge! M. Barbet-Devaux n'a pas voulu venir comme employé près de M. Mirès, malgré la persécution qu'on faisait pour l'avoir; il a reculé, lui écrivait M. Raynouard, devant la porte de la Fortune qui lui était ouverte, et cette porte s'est d'abord fermée devant lui. Mais il a fini par se décider, cet honnête homme, cet homme contre lequel il n'y a pas un mot à dire, et à la déposition duquel vous devez ajouter une foi absolue!

Les témoins de l'accusation sont bien heureux; il n'y a jamais de plus honnêtes gens qu'eux, et l'on ne saurait y toucher. C'est l'arche sainte, du moins aux yeux du ministère public. L'avocat ne le juge pas ainsi, car la loi lui dit : Je te livre le témoin et son témoignage; seulement, il faut qu'il mette dans l'examen de ce témoignage et de ce témoin la modération que sa conscience même lui impose.

On lui a donc écrit à ce brave M. Barbet-Devaux pour lui faire le reproche qu'il ne voulait pas passer par la porte de la Fortune. Eh bien! savez-vous pourquoi il n'entrait pas? Parce qu'il demandait beaucoup trop d'argent, parce qu'il prétendait à de trop grands avantages, et, en effet, voici que tout à coup, à cette lettre que vous avez lue, il a fait la réponse que vous allez voir, et qui dévoilera le personnage. J'espère que ce sera suffisant, nous n'en parlerons plus.

M. Barbet-Devaux écrit :

« Monsieur,

« J'allais envoyer la dépêche incluse à Marseille, mais je « trouve plus simple de vous l'adresser. C'est à vous d'y ré- « pondre. »

Et la dépêche porte ces mots :

« Je suis décidé. Vous chargez-vous de la reprise ? Serai-je « aussi bien traité ? »

Il avait peur de ne plus avoir ce qui lui avait été promis, parce qu'il avait refusé, et voici ce qu'il écrivait à M. Raynouard :

« Dites oui, Monsieur, si vous voulez bien me rendre la justice « que ma conduite n'a été dictée que par des sentiments dans « lesquels la crainte et l'intérêt n'avaient aucune part ; car, si « vous en croyez en ceci ma parole d'honnête homme, je serai « sûr que vous n'aurez contre moi aucune arrière-pensée. Dites « non, si vous ne me croyez pas homme à reconnaître *en partie* « *double* ce que vous ferez pour moi, d'abord pour répondre à « tant de confiance, ensuite pour vous faire oublier ce que mon « indécision a pu vous causer d'ennui.

« Madame Devaux me dit qu'il est trop tard pour revenir ; je

« ne le crois pas. Il n'est jamais trop tard pour réparer une
« erreur, et on ne doit pas hésiter quand on veut se dire, Mon-
« sieur, *votre bien dévoué serviteur.*

« BARBET-DÉVAUX. »

Vous voyez que, si la porte de la fortune lui avait
été ouverte et s'était fermée devant lui, il l'a vite fait
rouvrir, et que cet éloge si pompeux de M. Barbet-
Devaux peut rester en dehors du réquisitoire. M. Barbet-
Devaux est un mauvais témoin. Quand, pendant cinq
ans, on a été l'homme de confiance de celui qui est
accusé, il est possible qu'on soit contraint de faire
contre lui une déposition consciencieuse, mais on y met
alors toutes les formes imaginables ; on fait connaître
devant le juge instructeur, qui veut la vérité, devant
le Tribunal, qui la cherche, devant la Cour, qui la
devine, avec quelle douleur on est contraint de porter
la parole contre un homme dont on est manifestement
l'obligé. M. Barbet-Devaux était pauvre en 1859, c'est
lui qui le dit, il faut l'en croire ; il travaillait à la rédaction de je ne sais quel journal, dans je ne sais quelle
localité. Eh bien ! pendant cinq années, il a été com-
blé par Mirès au delà de toutes bornes, et de biens et
d'argent ; il se trouve aujourd'hui dans une position
somptueuse, et du faîte de cette fortune, nouvelle pour
lui, il se constitue l'amer accusateur de celui qui l'a
accablé de bienfaits !

Assez sur M. Barbet-Devaux. Seulement qu'on le

tienne pour témoin très-suspect, et qu'on ne le regarde pas comme un de ces témoins dont parle la loi romaine et que nous vénérons, parce qu'ils sont l'expression de la plus haute vérité : *Testis integerrimâ fronte.* Il faut que le front du témoin puisse se lever constamment vers Dieu, et c'est à lui surtout que s'appliquent ces deux vers du poëte :

« *Os homini sublime dedit, cœlumque tueri*
« *Jussit et erectos ad sidera tollere vultus.* »

Voilà ce qu'est un témoin. Je vous demande si Barbet-Devaux est quelque chose de semblable ?

Et maintenant, j'arrive à ce qui me pèse le plus, mais qu'il faut bien que je vous dise, à l'expert qui a fait le rapport.

Voyons, vous avez des souvenirs d'enfance ou de jeunesse avec M. Monginot! Nous avons encore mieux : l'amitié de ma famille a aidé M. Monginot dans des circonstances difficiles, et il a, depuis, acquitté sa dette. Il n'y a donc rien, entre lui et nous, qui puisse inspirer la moindre animadversion. Eh bien! son rapport est détestable. Je dis son rapport, parce que c'est le sien. M. Isoard ne s'est pas retiré sur l'ordre du ministre des finances ; quel qu'ait été le motif qui l'ait fait se retirer, il s'est retiré de lui-même. Il ne reste plus que deux experts.

M. L'AVOCAT GÉNÉRAL. — Voici la lettre du ministre.

10

Me CRÉMIEUX. — Je sais. Le ministre écrivait sur la demande de M. Isoard. La Cour comprend que, quand je le dis ainsi, c'est que cela est. M. Isoard demandait à se retirer. Le ministre des finances, quand il l'avait donné à son collègue le ministre de la justice, ne pouvait pas permettre qu'il se retirât sans une lettre de lui. Je ne recherche pas le motif, je n'ai pas à le dire, mais je dis qu'il ne reste plus que deux experts, que M. Isoard n'a pas été remplacé. Maintenant voici ce que j'affirme, et la Cour peut le savoir immédiatement : j'affirme que, dans le rapport des experts, ce qui est relatif aux Caisses et aux exécutions n'appartient qu'à M. Monginot, que lui seul l'a fait. Voilà ce que j'affirme, ce que la Cour pourra, quand elle le voudra, établir, même dans la chambre du conseil, où, sans nous, elle est en droit de tout éclairer, parce qu'elle a le devoir de découvrir la vérité.

Il n'y a donc que M. Monginot, pas d'autres, dans la double question des Caisses et des exécutions, c'est-à-dire dans ce que je regarde comme le procès, le reste ne me semblant digne de vos méditations que parce qu'une condamnation a été prononcée.

Je dis : Son rapport est détestable; je demande qu'il soit revisé : pourquoi le ministère public ne le demande-t-il pas avec moi? Il y a un rapport fait sans moi, fait pour l'accusation; pourquoi me refusez-vous donc un rapport fait avec moi, non pas pour la défense, mais contradictoirement avec elle? Pourquoi cette immense inégalité?

Comment! le voici prisonnier, condamné à cinq années de prison, il y a bien des mois qu'il est arrêté, et les mois, ce sont des années pour lui.

Ce prisonnier vous sollicite à genoux de lui accorder une expertise contradictoire, qui aura pour objet de détruire une expertise par défaut, et vous la refusez. Oh ! Messieurs, s'il se bornait à vous dire : Cette expertise par défaut est contre moi ; donnez-m'en une autre dans laquelle je tenterai de l'abolir, il ne trouverait pas un avocat pour le défendre ; mais il procède avec précision. Il signale des erreurs nombreuses, capitales, essentielles, en présence desquelles on peut dire que l'expertise n'existe plus.

Le ministère public disait : Il n'y a que certains points de détail sur lesquels l'expert peut s'être trompé, parce qu'il a été pressé de faire son travail. Je le dis bien hautement pour que tout le monde le sache. On a fait, dans cette affaire, tout ce qui était possible pour que l'instruction ne se prolongeât pas. Il y avait une telle masse de pièces que, s'il avait fallu les examiner toutes l'une après l'autre pour faire le rapport, on serait encore à l'attendre. Qu'on ne nous vienne donc pas dire que nous attaquons le rapport systématiquement et à cause de l'homme qui l'a rédigé. Nous soutenons qu'il ne peut y avoir dans les exécutions elles-mêmes une preuve quelconque de délit, je ne dis pas seulement d'escroquerie, mais d'un délit quel qu'il soit, s'il n'y a pas de la part de Mirès le fait d'avoir pris de l'argent dans ces exécutions et d'en avoir profité. Or, l'expert l'a déclaré, et le tribunal le déclare après lui, il y a 2,500,000 fr. de bénéfices, dont 500,000 francs pour Mirès et 2 millions pour la Caisse. Je soutiens moi que Mirès n'a fait aucun bénéfice, qu'il n'a profité de rien. Quand je vous dis ceci, je n'accuse pas le calcul, j'accuse les éléments du calcul ; j'accuse la source à laquelle l'expert a puisé ces prétendues sommes, et je vous dis : Non, Mirès n'a rien gagné dans l'opération dont parle l'expert ; non, il n'a pas vendu aux époques qui ont été déterminées par l'expert ; en conséquence, le calcul de l'expert n'est pas seulement un calcul erroné, c'est un calcul de fantaisie qu'il faut supprimer tout entier. Ce qu'il dit n'est pas vrai ; il n'y a pas un seul de ses chiffres qui puisse être maintenu, et voici pourquoi. Il n'a pas consulté les seuls livres dans lesquels il pouvait voir réellement ce qui avait été fait relativement aux exécutions. Il a pris un livre accessoire, un livre d'intérieur, auquel M. l'avocat général a donné beaucoup trop d'importance ; il n'en a que pour celui qui le tient : c'est un registre dans lequel celui qui le tient voit l'entrée et la sortie de chaque titre pour s'en rendre compte à lui-même. Tel a été son guide ; je vous ai signalé hier six ou sept faits puisés tout juste dans les témoins assignés par le ministère public, et je vous ai dit : L'expert déclare que Mirès avait fait entrer dans sa caisse, à tel jour, tel nombre d'actions du Crédit mobilier appartenant, par exemple, à M. Danner. Il y en avait en tout 194. L'expert a trouvé 94 de ces mobilier vendus à une époque déterminée.

Ces 94 mobilier, n'ont pas été vendus par la caisse aux jours qu'il a indiqués ; ils en sont sortis parce qu'ils ont été donnés à tel et tel, qui sont signalés par l'expert comme acheteurs et qui sont des clients. Mirès n'a donc vendu aucun de ces 94 mobilier à aucun des jours que l'expert signale. Je dis donc à l'expert : Vous avez pris la base la plus fausse, et je vous déclare que, non-seulement il n'y a pas eu 2,500,000 fr. de gain, mais qu'il y a perte ; et, pour prouver qu'il y a perte, je demande une contre-expertise qui soit un travail sérieux. Au lieu de s'en tenir au registre d'entrée et de sortie, l'expertise nouvelle, ayant à la main des livres légaux, pourra suivre jour par jour les opérations ; et comme il ne peut pas y avoir escroquerie sans bénéfice, sans volonté de bénéfice au moins , s'il est établi qu'il n'y a pas de bénéfice possible et qu'au contraire, il y a eu perte, il est évident que le rapport doit disparaître et l'escroquerie avec lui.

Des exécutions je passe aux Caisses. Je répète encore mon observation : je ne dis pas à mon adversaire (car l'expert est mon adversaire) qu'il a pris telle ou telle base fausse ; je lui dis que la vérité n'est dans aucune des énonciations de ses chiffres de vente ni de ses chiffres de rachat. J'ajoute que, tandis que, selon ses calculs, j'aurais gagné 2,500,000 fr., et, d'après le tribunal, 2 millions au moins, la vérité est que, s'il y a eu 21,000 actions vendues, il y a perte de 64,000 fr. ; et, s'il y en a 27,000 vendues, la perte est de 800,000 francs. En voici la preuve dans

10.

un tableau que je joins aux pièces et qui est la représentation fidèle des livres.

Enfin, de quoi Mirès est-il accusé ? D'un détournement frauduleux d'actions. Vous savez qu'il ne peut y avoir de fraude là où il n'y a pas de bénéfice, ou intention de bénéfice. Le laisserez-vous sous le poids de cette allégation, qu'il a gagné 2,500,000 francs, quand il est établi qu'il y a perte ? Si j'avais à plaider devant les honnêtes gens qui nous ont jugé avec une conscience trop émue ; si j'avais à leur parler avec les pièces que je produis aujourd'hui, supposez qu'on ne voulût pas encore accepter le supplément d'expertise, et qu'on tînt pour certain que Mirès a violé le droit, est-ce qu'on le condamnerait à cinq ans de prison ? Voyons, est-ce qu'on le frapperait pour escroquerie devant nos explications ?

Je vous demande de faire tomber au moins cette partie du rapport par laquelle je suis atteint dans mon honneur, est-ce que cela n'est pas juste ? Est-ce que mon honneur n'est pas intéressé ? Est-ce que la personne physique est tout ? Est-ce que la personne morale n'est rien ? Supposez que vous avez constaté ce délit, dans le cas où il pourrait exister, si j'arrive à prouver qu'aucun bénéfice ne pouvait avoir lieu, je vous demande si, même en présence du délit constaté, vous confirmeriez le jugement ; si vous me traiteriez de voleur et d'escroc, comme cela est dans le jugement, si vous me déchireriez encore jusque dans le fond des entrailles ; si vous déclareriez que ce que j'ai fait est

déplorable et mérite l'animadversion de tous ? Oh ! rien
qu'à cause de cela, vous qui êtes des pères de famille,
d'honnêtes gens, vous m'accorderez un supplément
d'expertise pour que je puisse me laver de cette in-
famie qu'on m'impute. Mon Dieu ! je ne demande pas
une auréole, je demande qu'il me soit permis de dis-
siper cet affreux nuage qui a tout obscurci ; je demande à prouver que je ne dois pas être traité de voleur
et d'escroc quand je n'ai rien fait qui appelle un tel
traitement, quand j'ai perdu au contraire ma fortune
tout entière, sauf la dot de ma fille, qui n'était que le
tiers de ma fortune personnelle, quand je la lui ai donnée avec tant de bonheur : je vous demande de ne pas
me désespérer, de ne pas flétrir avec moi tout ce qui
m'environne !

Voilà une première réflexion générale sur le rapport
de M. Monginot, et maintenant quelques mots encore :
Il s'est trompé de 200,000 francs dans une seule addition. Et puis, et c'est là surtout que j'appelle votre
attention, la Société avait 760,000 francs à solder pour
le compte coupon n° 2, Mirès n'a pas voulu que la Société subît une perte ; il a dit, en décembre 1859 : J'ai
2,523,415 fr., à moi appartenant, légitimement gagnés
dans d'autres opérations ; je les abandonne aux actionnaires, et, avec ces bénéfices, vous soldez d'abord le
compte coupon n° 2.

Et l'expert ne relève pas cette belle conduite ! Et
quand cet homme a si noblement agi, l'expert ne dit
pas ce qu'il a fait pour la société ! Et l'expert se plaît

à déclarer qu'il l'a ruinée, cette société ; qu'il lui a fait subir des pertes considérables ! Je n'en dirai pas plus ; vous examinerez s'il est possible de prendre comme élément de votre conviction un travail de cette nature, travail sans base sérieuse, parce qu'il n'a pas été contradictoire.

Le ministère public disait : Ah ! s'il avait fallu avoir un rapport contradictoire avec Mirès, que de scènes nous aurions eues ? Eh bien ! non, ne nous parlez pas des colères de Mirès. C'est de l'histoire ancienne. Donnez-lui les experts que vous voudrez, il sera aussi calme que maintenant, plus qu'il ne l'a été devant le ministère public ; car vous comprenez que s'il faut obéir à la loi, parce que c'est le ministère public qui parle, cependant chacun a un cœur et une âme, et s'il faut s'entendre ainsi flétrir par les mots d'escroc et de voleur... (Dénégations parmi les membres de la Cour.)

M. LE PRÉSIDENT. — Ils n'ont pas été prononcés !

Mᵉ CRÉMIEUX. — Mon Dieu ! je suis heureux que les oreilles de la Cour ne les aient pas entendus.

M. L'AVOCAT GÉNÉRAL. — J'ai prononcé le mot escroquerie.

Mᵉ CRÉMIEUX. — Ah ! permettez, il paraît que la conviction de la Cour n'est pas celle de M. l'avocat général. Eh bien ! quand vous prononcez ce mot, tout son sang bouillonne, et s'il reste ici calme, c'est qu'il comprend qu'il faut qu'il se contienne. On m'a fait l'honneur de cette conversion. Non, Messieurs, la conversion vient de vous.

Faut-il vous dire ce qui s'est passé entre nous ?
Quand je l'ai vu, il était dans la plus affreuse exaltation;
il doutait de tout, excepté de Dieu ; il attaquait les magistrats, le juge d'instruction, le procureur impérial,
le procureur général, les membres du tribunal : et vous
aussi, dans son dernier écrit, il ne vous a pas ménagés.
Il croyait qu'en paraissant devant vous il était perdu.
Je n'avais qu'un devoir à remplir, et je l'ai rempli de
toute mon âme. Je lui ai dit : Attendez, et vous verrez
comme vous serez écouté avec bienveillance, comme
on vous interrogera doucement, et avec quelle mansuétude on vous traitera. Mais qui croyez-vous donc
qui pourrait dicter un arrêt à la Cour ? Mirès monte
bien haut, il répond : L'Empereur ! — L'Empereur,
je ne l'approche pas, mais je vous garantis que
l'Empereur ne fait pas de visites à ceux qui vous jugeront, et, s'il en faisait, il trouverait au cœur de tous
ces mots : Ma conscience, mes serments, la loi. —
Alors, dit Mirès, c'est le garde des sceaux. — Le
garde des sceaux? Mais vous proclamez, vous criez
partout qu'il ne voulait pas la poursuite, et la poursuite s'est faite ! Comment lui, qui ne peut pas arrêter
le parquet, dominerait-il la Cour ? — Enfin me disait-
il avec une appréhension sérieuse, il y a le procureur
général? — A quoi je répondis : Oui, le procureur
général vient solliciter des arrêts avec énergie; mais
il y a aussi des avocats qui lui répondent vigou-
reusement et des juges intègres qui prononcent.
Et il est ainsi arrivé devant vous, il vous a vus, il a

connu les sentiments qui vous animent, et le voilà calme, paisible, comme respirant une autre atmosphère. « Tenez, touchez, voyez mes mains; tenez, touchez, voyez mes pieds ! » Et le disciple incrédule devient le disciple le plus fidèle. Voilà tout mon miracle.

Maintenant, Messieurs, venons plus particulièrement au procès. Mon procès, mon contradicteur légal en a fait deux parts. La première, qu'il a dit n'être pas le procès, mais qui devait avoir une très-grande influence dans la situation des choses, c'était ce qu'il appelait les faits de moralité, dans lesquels je vais le suivre rapidement, en très-peu de mots, à pas de géant. Il a fait la biographie de Mirès ; je vais commencer par là.

Une journée fatale, qui pendant cinq ans lui a enlevé le repos, l'a conduit devant la Cour d'assises, qui l'a déclaré innocent. C'était une querelle entre frères, comme il en arrive, hélas ! dans les familles, et le souvenir ne s'en est pas effacé dans son âme, même depuis le jour heureux où les deux frères se sont jetés dans les bras l'un de l'autre. Je vous le demande, Messieurs, qu'est-ce que ce malheureux événement peut faire dans la cause ?

On vous a parlé des habitudes de sa maison ; on prenait 2 p. 0|0 sur les mutations de titres. Mais Barbet-Devaux vous a déclaré que, s'en étant aperçu, il l'avait dit à Mirès, et que Mirès avait immédiatement donné l'ordre de faire cesser cet abus ignoré de lui. J'aurais bien voulu, Monsieur l'avocat général, que devant cet ordre donné par Mirès, vous eussiez fait valoir la considération qui en résultait en sa faveur ; car c'est une bonne habitude des magistrats, chaque fois qu'ils trouvent quelque chose de favorable à un accusé, de le conserver soigneusement dans leur mémoire et de le mettre en relief.

Et puis, qu'a-t-on dit encore ? On a parlé de 200,000 fr. de pertes portées à tort au compte de la société ; Solar s'en étant aperçu et en ayant prévenu Mirès, celui-ci s'était empressé de faire réparer une erreur involontaire, en ordonnant une contre-passation d'écritures. Et vous lui faites un reproche de cela !

On a dit encore que Mirès avait une comptabilité mal tenue. A cet égard, je ne citerai pas un autre témoin que Barbet - Devaux. Dieu merci ! celui-là n'est pas suspect. Que vous a-t-il dit ? A la question de Mirès : « N'est-il pas vrai que depuis quatre ans que vous êtes à la tête de la comptabilité je n'y ai pas paru quatre fois ? » M. Barbet-Devaux a répondu : « C'est vrai ! » Je sais bien que Mirès répond de sa comptabilité, et que si, devant le tribunal civil, une action lui était intentée, il serait déclaré responsable ; mais nous sommes ici devant la juridiction criminelle, il s'agit de savoir, non si Mirès a commis une irrégularité, mais s'il a commis un délit.

Cela dit, le ministère public remonte au commencement de sa carrière, et il dit : Mirès était insolvable en 1847, il ne pouvait pas payer un billet de 1,000 fr. Il a acheté le *Journal des chemins de fer*. Eh bien ! cette acquisition a fait sa fortune.

Il a créé la Caisse des chemins de fer. On réunissait là les actions de tout le monde, à quelque titre que ce fût; on mettait tout cela en masse, et Mirès et Millaud étaient chargés de faire les opérations qu'ils jugeraient utiles.

Dans un intervalle de quatre années, ils ont distribué à leurs clients 96 p. 0/0 sur le capital des actions réunies, et quand ils se sont séparés, ils avaient chacun 4 millions.

Comment cela a-t-il pu se faire? Vous allez le comprendre. Oui, la Bourse est un endroit que nous ne connaissons pas beaucoup, mais nous savons tous qu'en 1852, nous étions dans la plus épouvantable des crises : nous ne savions pas encore, politiquement parlant, si nous vivrions ou si nous mourrions. Le coup d'État du 2 décembre, que chacun aujourd'hui juge à sa manière, et que l'histoire jugera définitivement, comme l'a dit son auteur lui-même, donnait aux uns beaucoup d'espérances, aux autres beaucoup de craintes. La France, avec ses aspirations ardentes, était loin d'être rassurée.

C'est alors que des hommes qui avaient de l'imagination et de l'énergie, s'avisèrent de penser que, pour maintenir l'établissement nouveau, ils n'avaient qu'un seul moyen : jouer à la Bourse et jouer à la hausse. Pousser les fonds publics et les valeurs industrielles, en élever les cours, c'était soutenir le gouvernement qui se créait.

Pendant que ceux qui n'avaient pas confiance dans

le nouvel état de choses opéraient à la baisse, Mirès et Millaud opéraient donc à la hausse. Et, avec d'autres, ils ont réussi à faire apparaître des richesses inouïes dans un pays dont nous n'avions pas pu, en 1848, arracher 150 millions, quand le besoin s'en faisait si impérieusement sentir !

Et je puis bien le dire, ce pays s'est trouvé tout à coup complétement métamorphosé ; il est devenu l'Australie, la Californie. Il a eu millions sur millions, les capitaux se sont en quelque sorte dégorgés, et alors la hausse de tous les effets publics, de toutes les valeurs diverses, s'est manifestée avec une ardeur, avec une vivacité dont je ne connais pas d'autre exemple depuis la fondation des jeux de Bourse. Voilà comment Mirès et Millaud ont donné à leurs actionnaires 96 p. 0/0 de leur capital en quatre années ; voilà comment, sur leurs opérations, ils ont réalisé 4 millions chacun !

Où sont aujourd'hui ces 4 millions de Mirès? Pourriez-vous me le dire ?

Oh ! s'est écrié le ministère public, sa maison, aujourd'hui comme autrefois, est tenue avec luxe. Vous ne lui ferez pas, au moins, le reproche de partager ce luxe. Il a une fille qu'il a dotée et un gendre dont la douleur est la douleur d'un fils. Sa fille et son gendre ne peuvent pas abdiquer leur situation, mais faire du luxe ! Sa fille ! La pauvre enfant passe en prison, près de son père, toutes les heures qu'elle peut lui donner, un gardien placé à côté d'eux !

11

Autrefois, chez les anciens, chez les Romains, qui sont nos maîtres en tout, quand un individu était accusé, il déchirait sa robe; il se présentait en larmes, et avec tous les signes du désespoir, devant ceux qui devaient le juger; il invoquait tous les sentiments de la pitié, de la sympathie, et il ne s'avilissait pas pour cela : la prière devant la justice n'a jamais avili! Une prière adressée à la justice est comme une prière adressée à Dieu.

Les choses, de nos jours, se passent encore à peu près ainsi, avec les changements que nos mœurs commandent. On va, par sa femme et sa fille, se jeter aux pieds des magistrats.

Eh bien! Mirès a défendu à sa femme et à sa fille de visiter les magistrats. Je vous le dis parce que je ne voudrais pas qu'il pût vous venir à la pensée que le père, la mère et la fille se sont séparés. Non, la tendresse règne au sein de cette famille au delà de tout ce que vous pourriez supposer. Mirès avait 4 millions, quand il constituait, au capital de 12 millions, la Caisse générale des chemins de fer. Il a donné en dot à sa fille, 2,000,000 fr., que personne ne songe à lui contester; il les a donnés à une époque où certes sa fortune lui permettait bien ce sacrifice.

Ce sacrifice!... nous ne sacrifions rien en donnant à nos enfants : nos enfants, c'est nous! Ce qu'ils prennent à notre substance, à notre sang, c'est à eux! Ce n'est donc pas un sacrifice que nous faisons, quand nous nous dépouillons pour eux; c'est notre joie, notre bonheur!—

Mirès a donné 2 millions à sa fille... Il les a donnés par contrat public, authentique... Voilà la situation. Sans doute, on peut cacher une fortune mobilière ; — mais vous accusez, il faut prouver : dites-nous où il la cache.

Je continue.

En 1853, la Caisse des chemins de fer est mise en société. La société est fondée sous la gérance d'un homme très-loyal, très-honnète, M. Blaise. En 1854, Mirès rompt avec Millaud.

A propos de Millaud, dont le nom vient à cette affaire, permettez-moi de vous rappeler un fait. A cette même place, d'où vous avez entendu la parole si éloquente de M. l'avocat général, j'entendais, il y a peu de jours, la voix éloquente d'un homme que j'aime bien aussi, qui, dans les questions de maniement d'argent, ne passe pas non plus pour être très-indulgent, M. Oscar de Vallée. Il s'est exprimé avec une énergie de langage tout à fait semblable à celle qui résonnait à nos oreilles il y a quelques instants. Mais il y a une différence entre le procès Mirès et le procès Millaud. Millaud avait le malheur d'être poursuivi par ses actionnaires, tandis que Mirès est soutenu par les siens ; Millaud était d'ailleurs entouré de sympathies nombreuses. Le ministère public avait contre lui la plus profonde conviction, moi la conviction de son innocence. Il réclamait ardemment une condamnation, moi je sollicitais vivement un acquittement ; sa parole échoua, ma parole fut entendue, l'acquittement fut prononcé.

Tout récemment encore, je luttais pour Millaud devant

la 1ʳᵉ chambre de la Cour, contre un autre organe du ministère public, fort éloquent aussi, M. Charrins, qui soutenait le procès contre Millaud avec une grande vigueur. J'ai réussi. Enfin, Messieurs, Millaud n'a pas obtenu moins de neuf décisions favorables. J'en sollicite une, une seule qui soit favorable à Mirès.

Depuis le jour où la main de la justice l'a saisi, Mirès a fait des pertes considérables.

Vous savez ce que c'est que la dette flottante, chose d'un si grand avantage pour les Etats, quand on est en repos, et si à craindre quand le moindre mouvement se fait sentir. Eh bien! Mirès avait une dette flottante; il a fallu payer, et dans quel moment? quand son crédit était altéré, ruiné.

Poursuivons. Le ministère public fait cette question : Mirès a-t-il agi pour le bien ou pour le mal?

Il a créé la Société de Portes et Sénéchas; il gagne 3,200,000 francs sur cette opération.

Le ministère public a oublié qu'il y a un chemin de fer de plus, qui va depuis les mines jusqu'à Alais, lequel a coûté 1,800,000 francs ou 2,000,000, qu'il faut ajouter à la dépense.

Mirès a retenu 5 millions sur 20 millions qui ont été donnés pour les ports de Marseille, grande et belle entreprise. Il a gardé 5 millions pour lui.

5 millions! Mais voici ce que dit le délateur Pontalba : « J'ai eu récemment la preuve que, sur ces 5 millions, 750,000 fr. *ont été attribués à la Caisse*, 300,000 partagés entre les dix administrateurs, 13 ou

14 cent mille francs *employés en frais généraux et rétributions diverses*. Les 2,500,000 fr. restant ont été pris un tiers par M. Solar, deux tiers par M. Mirès. Voilà les 5 millions réduits à 1,700,000 fr.; mais, en supposant vraie cette partie de la délation, à qui appartenait cette somme? Et quand, en 1859, Mirès abandonnait à ses actionnaires 2,523,000 fr., que devenaient la perte de 1,700 mille francs?

Au reste, le conseil d'Etat a tout approuvé. On répond à cela que le conseil d'Etat a été trompé. Le conseil d'Etat pouvait retirer la concession anonyme qui avait été donnée. Où prenez-vous qu'il a trompé le conseil d'Etat? Vous le prenez dans l'expertise, oui, dans l'expertise, qui voit le mal partout. Eh bien! écoutez ce passage du rapport, et jugez l'expertise:

« Ce n'est que le 15 juillet que Mirès a publié ses statuts, et le conseil d'État a donné son autorisation le 20 du mois de juillet : il a donc trompé le conseil d'État. »

Ainsi parle l'expert.

C'est abominable! Monginot fait du droit, on peut me le livrer!

Les statuts de la Société anonyme sont soumis au conseil d'Etat; il faut des enquêtes; ces enquêtes ont duré trois ans. Quand le conseil d'Etat a approuvé, il envoie au ministre les statuts tels qu'il les a arrêtés lui-même; le ministre en envoie une ampliation au demandeur; le demandeur les porte chez le notaire, et c'est avec l'expédition qu'il envoie au ministre que les statuts sont publiés dans le *Bulletin des Lois*. Les statuts ont été envoyés par le ministre à Mirès, et envoyés par Mirès chez le notaire avant d'être insérés au *Bulletin des Lois*. De telle sorte que Mirès, ayant reçu les statuts le 9 août, ils portent la date du 10 août, et que le décret pour l'autorisation de la Société anonyme porte la date du 16.

Voilà ce que c'est qu'un expert s'appuyant sur des moyens de droit auxquels il ne comprend rien.

Qu'est-ce que la prévention, alléguant que quand le conseil d'Etat a tout approuvé, le conseil d'Etat a été trompé, et en trouvant la preuve dans une lettre de Solar, où il est dit : « On aurait pu tromper M. P... » (ce qui veut désigner un conseiller d'Etat qui est, sans contredit, l'un des plus honnêtes gens du monde). Mais s'il est trompé, il faudra que le conseil d'Etat se trompe aussi; et quand on fait des enquêtes de trois ans, ce n'est pas possible, il n'y a rien à répondre à cela.

J'arrive aux chemins de fer romains. Avant l'arrestation de Mirès, c'était une des plus belles opérations que Mirès ait jamais faites, et parce que depuis qu'il est arrêté on a été obligé de perdre 8 millions sur cette opération, on veut que l'opération ait été à la fois mal dirigée et mal conduite, avec l'intention préméditée de nuire aux actionnaires.

Il n'y a rien de plus simple que cette affaire en elle-même.

J'ai acheté, moi Mirès, à une Compagnie romaine,

au prix de 175 millions, l'affaire des chemins de fer Romains ; j'en suis devenu propriétaire ; je l'ai achetée et je l'ai payée.

J'ai payé à la Compagnie romaine, qui n'avait pas, dès lors, à se mêler de ce que je ferais ou de ce que je ne ferais pas des actions. Elle m'a vendu les chemins, à moi, moyennant 175 millions. Si je ne m'étais pas engagé à les payer, la commission promise ne m'aurait été due que quand j'aurais eu placé les actions, mais je les avais placées en les achetant ; du moment que je les achetais et les payais, c'est comme si je les avais distribuées à 40,000 personnes qui m'eussent donné leur argent.

Il est vrai que j'ai voulu faire une opération magnifique ; je me suis dit : Ces chemins de fer, c'est ce qu'il y a de meilleur au monde ; le Pape leur garantit 6 0/0, et vous m'accordez bien que la garantie donnée par le Pape est bonne, et qu'il n'y a pas à craindre qu'elle s'évanouisse, quoi qu'il arrive. J'ai racheté un grand nombre de titres, j'en ai gardé cent mille.

Il y a bien une lettre du cardinal Antonelli, sur laquelle je prie la Cour de me permettre de ne pas m'arrêter. Il est fàcheux de voir la manière dont on écrit de Rome à l'autorité française. Nous ne savons pas ce que cela veut dire, que Solar est Israélite ; nous avons en France une seule religion, un seul culte : la religion, le culte de la patrie, et voilà pourquoi nous sommes tous ses enfants, et par cela même tous égaux à ses yeux.

Laissons de côté la lettre, à laquelle Mirès est étran-

ger, et qui n'incrimine que Solar, et... l'autre ! Le
délateur ! J'avais acheté, j'ai payé, constamment payé,
jusqu'au moment où, en 1860, au mois d'août, me
trouvant gêné, j'ai cédé au prix coûtant les 100,000 actions que j'avais gardées pour moi ; je les ai cédées à
M. Salamanca.

Aujourd'hui les journaux annoncent que ces chemins
de fer vont être ouverts sur la plus grande partie de
leur parcours. J'avais fait une opération qui devait être
bonne, qui le sera dès que l'exploitation aura pris son
cours. Les actions acquerront évidemment une grande
valeur ; elles arriveront à 500, à 600, à 700 fr., et au
delà, à mesure que les revenus des chemins exploités
s'accroîtront.

Voilà pour les chemins de fer romains. Au reste,
nous y reviendrons pour le dividende de 1857.

Il y a l'affaire du chemin de Pampelune. Que je dise
à la Cour en passant que, quand M. de Germiny a
eu connu l'intérieur de la Société fondée pour cette
opération, il y a placé son gendre, M. Benoist d'Azy, qui,
par son père, est grand connaisseur aussi en affaires
industrielles dirigées par l'intelligence et la probité.

Quant au chemin de Pampelune, comme il faudra en
parler pour l'examen de la question de savoir si Mirès
a gagné 9 millions, permettez-moi de dire que je ne
comprends pas qu'on puisse me dire : Ce n'est pas un
délit, mais cela doit être gardé comme note.

M. Salamanca, concessionnaire, a vendu l'affaire à
Mirès et s'est réservé 1/5e du bénéfice, les 4/5e étant

pour Mirès. Il a porté l'affaire à une Société anonyme espagnole, c'est-à-dire qu'il la lui a revendue. Le chemin avait été acheté par Mirès 145,000 fr. le kilomètre, il a été revendu 200,000 fr. : Mirès a donc gagné, au profit de ses actionnaires, la différence de 145 à 200,000 fr.

Il y a une Société anonyme, le gouvernement espagnol l'a approuvée ; à sa tête est M. Salamanca, qui, après avoir été ministre des finances, exerce une grande autorité et une grande influence sur tout ce qui touche à la Banque : le gouvernement espagnol a trouvé cela très-bien.

Ce n'est pas tout, le chemin est fini ; le 1er septembre, dans quelques jours, le premier train va y passer ; l'opération est faite, personne ne s'est plaint, tout le monde l'a trouvée bonne, car 200,000 fr. par kilomètre, en Espagne, ce n'est pas cher. Et de tout cela on fait à Mirès un crime, non pas un crime, pas même un délit, mais une note qu'il faut que vous conserviez dans vos esprits, en vue de l'application de la peine.

Je n'ai plus rien à dire, si ce n'est sur l'emprunt ottoman ; et comme je ne veux pas y revenir au moment où nous plaiderons réellement le procès, permettez-moi, pour en finir de cet incident, de cette sorte d'accessoire jeté dans le procès, et auquel il faut que je réponde, permettez-moi de terminer en disant un mot sur l'emprunt ottoman.

On disait tout à l'heure : Mirès prétend que chaque obligation de l'emprunt aurait valu 500 fr. pour la Société qu'il représente ; ce n'est pas possible : Mirès

11.

sait bien que les obligations sont de 250 fr., et qu'elles ont été émises à 312 fr. Il dit que le bénéfice aurait été de 80 millions. C'est un leurre, on a voulu tromper la Société, il ne pouvait y avoir au plus que 40 millions.

C'est encore dans le rapport de l'expert que l'on prend cela ; l'expert ne sait rien, parce qu'on ne lui explique rien.

Voici comment la Société devait toucher les 500 fr. par action dans l'emprunt ottoman. Les obligations s'émettent à 312 fr., mais elles sont remboursées à 500 fr., et, en attendant, elles reçoivent 30 fr. par an, soit 6 p. 0/0 de 500 fr. Voici ce que Mirès avait proposé à ceux qui étaient ses associés : Je vais vous donner à chacun au pair, c'est-à-dire à 500 fr., une obligation par action, obligation pour laquelle vous ne sortirez rien de votre poche ; vous allez donc recevoir, sans rien payer, une obligation pour chacune de vos actions ; ces obligations sont remboursables par tirages annuels à 500 fr., vous aurez donc, quand elles sortiront, 500 fr. : et, en attendant, vous recevrez 6 p. 0/0. Il leur donnait donc par ses obligations un capital de 500 fr., puisqu'ils n'exposaient rien et recevaient l'obligation au pair. Voilà comment il comptait opérer, et comment l'arrestation, arrêtant l'emprunt, a aboli l'avantage pour la Société.

Est-ce clair, est-ce net ? Y a-t-il rien de plus légitime et de plus vrai ? Je ne parle pas le langage de la Bourse, mais le langage de tout le monde.

Pourquoi donc l'attaquez-vous ?

Qu'avez-vous besoin d'entrer dans les détails, de

savoir si Mirès est ou non ruiné par l'opération à laquelle il s'est livré?

Qu'est-ce que cela fait aux magistrats qui m'écoutent? C'est pour le public que vous parlez, c'est pour le dehors de cette enceinte! Et qu'avons-nous besoin de nous occuper du dehors? Nous nous occupons ici de nos affaires devant ceux qui sont appelés à nous juger. A propos de l'emprunt ottoman, Mirès a dit dans le public ce qu'il a voulu dire, mais dans cette enceinte je plaide. Répondez à ma plaidoirie, renversez mes arguments, comme je tàcherai de renverser les vôtres; chacun de nous sera dans son rôle.

Voilà ce que je voulais dire pour prouver que Mirès n'avait pas été un malhonnête homme dans les faits qui ne sont pas l'objet direct de la prévention; voyons s'il a été un malhonnête homme dans ceux pour lesquels il est poursuivi : nous sommes enfin au procès.

Le premier fait relevé par le tribunal, vous vous le rappelez, Messieurs, c'est le fait qu'on a appelé le fait des exécutions.

Puisque je vais en parler pour la dernière fois, que la Cour daigne m'écouter encore avec la bienveillance qu'elle a mise à suivre jusqu'à présent mes explications et mes appréciations. Je ne fais pas de ceci une affaire d'amour-propre au point de vue de la libération de mon client; j'en fais une affaire de droit. Les questions de droit, Messieurs, c'est un grand bonheur pour moi de les traiter. J'ai été élevé dans l'amour du droit, et, quand je demande à la justice de consacrer un principe de droit, quand je trouve une occasion de le discuter et de le faire ressortir, je vous l'avoue, je suis heureux. Pardonnez-le-moi, et veuillez m'écouter.

Il est bien simple que si les faits reprochés à Mirès n'étaient pas précédés d'un nantissement ni d'un acte de dépôt, il n'y aurait pas d'escroquerie. Et cependant l'on s'écrie : Que ce serait le bouleversement de tous les principes de bonne foi et de morale commerciale. Permettez-moi de bien préciser ce que je veux établir. L'avantage de la réplique, c'est de se resserrer et de se résumer. Voyons! resserrons la question.

Qu'est-ce que c'est que mon contrat?

Je commence par dire : ce n'est pas un nantissement; il est impossible que ce soit un nantissement.

On m'a opposé l'article 2 des satuts, sur lequel, moi aussi, je veux appeler votre attention.

Voici ce qu'il porte :

« Opérations principales de la Société. — Prêter sur effets publics, sur dépôts d'actions et d'obligations, et ouvrir des crédits en compte courant sur dépôt de ces diverses valeurs ; tenir une caisse de dépôt pour tous les titres, etc. — Tout actionnaire peut déposer ses titres dans la caisse sociale et réclamer en échange un récépissé nominatif. »

Vous remarquez bien ceci : « Prêter sur effets publics, sur dépôt d'actions et d'obligations. » On commence par le mot dépôt; mais le ministère public convient que ce n'est pas un dépôt.

Vous me dites que ce n'est pas un dépôt, que vous

le reconnaissez, que c'est un nantissement : nous allons examiner.

Je vous prouverai que ce n'est pas un nantissement ; mais écoutez bien ce que je prétends, car il ne faut pas laisser croire à la Cour que je veux renverser la morale par la prétention que j'élève : alors que je m'appuie sur la Cour elle-même, sur la Cour de cassation, sur la Cour de Rouen, sur la Cour d'Amiens, j'ai le droit de dire que je ne renverse rien, et que, au contraire, je consolide tout.

Ma prétention est celle-ci :

La Caisse reçoit en compte courant des actions, des obligations, des valeurs diverses, de quelque nature qu'elles soient. Eh bien ! du moment où la Caisse les a reçues en compte courant, elles deviennent sa propriété dans le sens que voici :

Moi, Mirès, je reçois dans ma caisse, de la part de Simon, je suppose, 50 autrichiens, et voici, je le répète, ce que je prétends :

Aussitôt que j'ai inscrit en compte courant, au crédit de celui qui vient me les apporter, ces valeurs sur lesquelles je lui prête, je suppose 20,000 fr. en billets de banque, et que, d'un autre côté, j'ai inscrit à son débit la somme prêtée, il est le maître absolu de mes 20,000 fr. ; je n'ai pas à savoir ce qu'il en fera, mais à la condition qu'au jour du règlement, il me restituera les 20,000 fr. avec intérêts.

Mais pardon ! j'ai dit 20,000 fr., je me trompais : c'est 20 billets de banque de 1,000 fr. que j'aurais dû dire. Je lui impose l'obligation de me rendre 20 billets de banque le jour du règlement.

Il est donc propriétaire de 20,000 fr. que je lui ai donnés, et dont je ne puis pas l'empêcher de disposer comme il voudra. Pourquoi? parce que le principe, en matière de comptes courants, est que l'on devient propriétaire de toutes les valeurs dont on est débité, à charge de restitution au jour du règlement.

Ainsi remarquez-le bien et c'est là mon point de départ.

J'ai donné 20 billets de 1,000 fr. à un homme qui les a mis dans son portefeuille, et qui n'est plus tenu de demander mon consentement pour en user, qui dispose de mon bien, de ma chose, pourquoi? Parce que je l'en ai déclaré débiteur dans mon compte courant. Il devra seulement me les restituer au jour indiqué.

Et que fait-il, lui, de son côté? Il me donne, à moi, ou les 50 autrichiens dont je parlais tout à l'heure, ou 50 actions d'un chemin de fer quelconque; et j'en débite mon compte avec lui; par conséquent j'en deviens débiteur, et, par suite, propriétaire, comme lui de mes vingts billets de 1,000 fr., sauf restitution; c'est-à-dire encore que, jusqu'au jour où il viendra me réclamer ses actions, où le compte entre lui et moi devra être liquidé, il n'aura pas à s'occuper de ce que je ferai de ses titres, parce que je dois les lui rendre. Comme lui a le droit de garder mes billets de banque sans que j'aie le droit de l'empêcher d'en disposer, de même, je garde, moi, ses actions sans qu'il ait le droit de m'empêcher d'en disposer.

Voilà le compte courant et c'est d'une justice merveilleuse. S'il n'en était pas ainsi, c'est alors qu'on détruirait tous les principes du commerce.

Et, en effet, que je prenne dans ma caisse 20 billets de 1,000 francs, que je fais passer dans les mains d'un homme, et qu'il me donne en échange 50 actions au porteur, qu'il a prise dans sa caisse et qu'il a mises dans mes mains, nous sommes à deux de jeu, — à moins qu'il n'y ait une différence entre les billets de 1,000 francs que je lui donne et les actions au porteur que je reçois de lui. Mais vous allez voir qu'il n'y en a pas, et vous le savez, vous, Messieurs, puisque c'est vous qui l'avez solennellement proclamé.

Pourtant, si je puis porter à cet homme, un préjudice que lui ne puisse pas me porter, ou s'il peut me porter à moi, un préjudice que moi je ne puisse pas lui porter, il n'y a pas d'égalité; mais, si nous sommes l'un par rapport à l'autre sur le pied d'une égalité parfaite, et si c'est là l'essence de notre contrat, je ne viole pas plus les lois divines et humaines en disposant de sa chose, que lui en disposant de la mienne.

Dans ces termes, aucun préjudice ne peut exister. D'un côté, il a reçu 20 billets de 1,000 francs, mais il m'a donné 50 actions qui les représentent et qui en sont la garantie. — Et vous allez voir! Écoutez, je vous en supplie, ou plutôt je ne vous supplie de rien : vous me suivez avec tant d'attention !

Il a donc reçu mes 20 billets de 1,000 francs, et il en fait ce qu'il veut, parce que je n'ai pas à craindre qu'il me les fasse perdre : j'ai entre les mains les 50 actions qu'il m'a remises, et ces 50 actions me répondent parfaitement de mes 20,000 fr.

A-t-il à craindre que je puisse lui faire perdre les actions qu'il m'a données ?

Mais non ! quand vous dites que je serais le maître de la fortune d'autrui et qu'il faut arrêter une pareille doctrine, vous vous trompez. Vous ne me prêtez pas à moi, parce que je m'appelle Mirès, mais parce que j'ai un capital de 50 millions. Quand on vient m'apporter des actions, on sait très-bien qu'il y a par derrière moi 50 millions qui en répondent. Et, d'ailleurs, lorsque vous me remettez vos 50 actions, je vous remets 20 billets de 1,000 francs qui représentent vos 50 actions. Si vous les dépensez, si vous ne me les rendez pas, j'ai vos actions ; si, moi, je dépense vos actions et ne vous les rends pas, vous êtes d'abord couvert par les 20,000 fr. que je vous ai donnés, et ensuite par le capital de 50 millions que j'ai dans ma caisse.

Remarquez que je suppose toujours que les actions et les billets de banque ont une valeur égale. Donc il n'y a pas de difficulté : je suis le maître de vos 50 actions ; vous êtes le maître de mes 20,000 fr.

Comme il s'agit, d'une part, d'argent, et, d'autre part, d'actions, il faut que la restitution soit égale et soit certaine ; et alors, voici ce que c'est que le compte courant, sur lequel on ne s'arrête pas assez, parce qu'on veut faire la différence entre l'argent et les actions.

Quand je remets à un homme 20 billets de 1,000 francs qu'il doit me rapporter le 1er janvier prochain, et qu'il me remet 50 actions au porteur que je lui rendrai à la même époque, j'abdique par là même tout droit de propriété sur mes billets, jusqu'à l'époque où ils devront m'être rendus, et à cette époque il faut qu'on me les rende ou une valeur égale ; il en est de même pour celui qui m'a livré 50 actions, en échange de mes billets de 1,000 francs : je dois lui rendre 50 actions ; et, en attendant, il abdique son droit de propriété en ma faveur, comme, en sa faveur, j'ai abdiqué le mien.

Remarquez encore ce qu'on ne me conteste pas : si j'ai donné de l'argent et qu'on me rende de l'argent, il y a compensation ; si j'ai donné de l'argent et qu'on me rende des billets de banque, il y a compensation ; si j'ai donné des billets de banque et qu'on me rende des valeurs, des lettres de change, il y a compensation.

Mais pour des titres au porteur, on soutient que ce n'est pas la même chose ! Pourquoi donc ? D'abord, dit-on, ce ne sont pas là des choses fongibles, grands mots qu'on emploie ainsi à l'occasion.

C'est parfaitement fongible, et je puis parfaitement en user. Si le Code n'en a pas parlé, c'est qu'à cette époque on ne connaissait pas les actions au porteur. Je vous rappelais hier le mot de Napoléon, étonné d'apprendre qu'on avait mis 6 millions dans les mines d'Anzin, et je vous

disais : qu'est-ce que c'est aujourd'hui que 6 millions ?
En 1829 ou en 1830, quand j'ai quitté Nîmes, personne
n'aurait voulu soutenir que le billet de banque était la
représentation de l'argent. Le billet de banque ! Pas
le moins du monde : il n'est pas fongible, car si je le
négocie, je perds dessus quelque chose.

Je vous dis que les actions au porteur sont fongibles,
en vertu de cette définition de la loi romaine : *Quia
una alterius vice fungitur, ideo dicuntur fungibiles.*

Qu'est-ce que j'ai donc à prouver ? Que mon action
vaut absolument la même chose que le billet de banque. — Est-il possible que mon action ne soit pas la
même chose que le billet de banque ? Vous avez rendu
à ce sujet un arrêt bien sage. Ce n'est pas par flatterie
que je dis cela ; si vous aviez rendu un mauvais arrêt,
je vous le dirais de même ; ce serait mon droit et mon
devoir. — Vous avez rendu un arrêt bien sage, en
1859, sur la prétention élevée de faire considérer les
actions au porteur comme des billets de banque et de
l'argent. On ne les cote plus et on ne les parafe plus
dans les inventaires. Savez-vous pourquoi ? C'est
vous qui l'avez dit : parce que l'action au porteur a
besoin d'être immédiatement produite, négociée,
transportée de main en main ; qu'il serait possible que
la cote et le parafe empêchassent ce transport facile
et immédiat, et que le devoir de la magistrature est
d'interpréter la loi de manière à la rendre faite pour
tous les temps. Voilà votre excellente doctrine.

La Cour de cassation a consacré votre arrêt.

Le ministère public m'a répondu que, devant la
Cour de cassation, il n'avait pas été question de savoir
si l'action au porteur était ou non fongible.

Qu'il prenne la peine de lire les remarquables conclusions de M. de Marnas, avocat général, qui a con-
clu contre votre arrêt, et, à l'avance, contre l'arrêt
de la Cour de cassation, et il verra qu'il disait: On
voudrait que les actions au porteur fussent considérées
comme des billets de banque, comme une chose fongible! et M. l'avocat général repoussait l'assimilation.

Et cependant la Cour de cassation, de là-haut, de
son siége, qui ne domine le vôtre que parce qu'il faut
une hiérarchie, la Cour de cassation, adoptant vos
motifs et en joignant d'autres encore, a décidé que
c'est une chose parfaitement fongible, qu'il n'y avait
aucun motif pour coter et parafer, et, en conséquence,
depuis ce moment, il ne faut pas soutenir qu'une action
au porteur n'est pas une chose parfaitement fongible.
Si c'est fongible, je puis en user comme du billet de
banque; alors, quand je donne des billets de banque à
Simon, il peut en user tant qu'il veut jusqu'à la restitution; et quand je reçois de lui des actions au porteur,
je puis en user comme bon me semble jusqu'à la restitution. Seulement, comme il s'agit de lui restituer ce
qu'il m'a remis, il faut que je lui donne des choses
égales à celles que j'ai reçues.

Eh bien! les actions que je lui rends sont-elles égales
à celles qu'il m'a données? C'est là la grande question.

Nous rencontrons ici une autre objection du savant

jurisconsulte qui a rédigé le jugement et qui consiste à dire que l'action est un corps certain.

Je réponds : non, l'action au porteur n'est pas un corps certain comme vous le prétendez ; c'est un corps certain en ce sens qu'une action est une action ; mais, quand on dit d'une chose que c'est un corps certain, on entend qu'elle ne peut pas être remplacée par une autre, qu'elle n'a pas d'équivalent. Ainsi, quand on me donne 50 actions du Midi au porteur le 1er septembre pour me les réclamer le 1er janvier, et que le 1er janvier j'ouvre ma caisse et que je rends 50 actions du Midi au porteur, on me dit que les 50 actions que l'on m'a données sont un corps certain, et que les 50 que je rends ne sont pas le même corps. C'est tout simplement absurde. Et pourtant c'est la question qui se débat entre nous. Puis-je disposer pendant le temps que je les garde entre mes mains, jusqu'au jour où je dois les restituer, des 50 titres au porteur qui m'ont été remis en échange des 20 billets de banque que j'ai donnés moi-même?

Remarquez bien, et c'est là le point saillant de toute cette discussion, que je n'enlève rien à personne, que je ne vole pas plus ses titres à celui qui me les a apportés qu'il ne me vole les miens ; nous nous servons l'un et l'autre de ce que nous avons reçu.

Qu'est-ce que nous avons donc à faire devant cette question de droit? Ce n'est pas une affaire de conscience, mais une affaire d'intelligence, et dès lors à qui pouvons-nous mieux nous adresser qu'à vous?

Il n'en serait pas de même s'il y avait nantissement. Aussi j'ai cherché s'il y avait nantissement.

J'avais dit à la Cour qu'il était impossible qu'il y eût nantissement dans un traité simplement conçu ainsi : D'un côté, j'ai reçu de M. Simon 50 autrichiens, je les ai portés au crédit de son compte, c'est-à-dire au débit du mien; et, de l'autre côté, M. Simon a reçu de moi 20 billets de banque de 1,000 francs que j'ai portés au crédit de mon compte et au débit du sien.

Voilà le compte courant bien établi. Est-ce un nantissement? Non. Pourquoi? parce que la Cour de cassation, la Cour de Rouen et la Cour d'Amiens ont déclaré par trois arrêts de principes, rédigés de manière à ne pas laisser prise à un débat, la double question que voici : la remise des titres d'actions au porteur peut bien en transporter la propriété, parce que la propriété se transporte de la main à la main et par simple endossement....

M. LE PRÉSIDENT. — Je ne voudrais pas vous interrompre, Maître Crémieux; mais je crois devoir vous dire que la Cour a parfaitement saisi votre première plaidoirie.

Me CRÉMIEUX. — Eh bien! si cela est, je ne développe plus mon système, je vais renverser celui de mon contradicteur, et je ne crois pas que j'y aie grand'peine.

Voici la prétention du ministère public : J'avais dit

que mon droit était dans l'article 2074. Le ministère public me répond que l'article 2074 n'a aucune espèce d'influence dans l'affaire ; ce sont les articles 2078 et 2079 qu'il faut appliquer.

L'article 2078 dit :

« Le créancier ne peut, à défaut de payement, disposer du gage, sauf à lui à faire..., etc. »

Et l'article 2079 ajoute :

« Jusqu'à l'expropriation du débiteur, s'il y a lieu, il reste propriétaire du gage... »

Il n'est pas douteux que si c'est un gage, il en reste propriétaire et que je ne puis pas l'en exproprier autrement qu'en observant les formalités de la loi. Mais la question est de savoir s'il y a un gage. Dans l'article 2074 et dans l'article 2075 la loi déclare que le privilége n'a lieu qu'autant qu'il y a un acte public ou sous seing privé dûment enregistré, et elle ajoute ceci :

« Contenant *la déclaration de la somme due, ainsi que l'espèce et la nature des choses remises en gage*, ou un état annexé avec leurs qualités, poids et mesures. »

Voilà les deux choses exigées: *contrat public ou contrat privé, enregistré; désignation précise* de la chose donnée en gage ; sans ces deux conditions, point de nantissement.

Le ministère public dit : Il y a deux droits. L'article 2074 n'en consacre qu'un : le privilége. Il y a encore le droit de rétention que l'article 2074 ne protége pas, mais que les articles 2078 et 2079 protégent.

J'en demande pardon au ministère public. Qu'est-ce qu'il entend par droit de rétention ? Est-ce le droit du débiteur de réclamer la chose ? Est-ce le droit du créancier de la retenir jusqu'à ce qu'il soit payé ? J'avais répondu à cela. La Cour de cassation a jugé, et les autres cours ont jugé après elle ce que voici :

Le droit de retenir n'existe pas quand il n'est pas consacré par le titre exigé par la loi. Quand je n'ai pas de gage, je ne puis pas retenir un objet qui n'est pas mon gage. Aussi, voici ce qui arrive, et je prie le ministère public, avec son bon esprit, d'y réfléchir : c'est qu'au jour même où j'ai reçu ce que vous appelez un gage, et ce qui est simplement des titres qui m'ont été remis en échange de l'argent que j'ai donné, s'il survient des saisies-arrêts de la part d'autres créanciers, des réclamations de la part d'une faillite, de la part de tout autre individu ayant droit, je suis obligé de les subir ; je n'ai pas le droit de rétention. C'est ainsi que M. Homberg disait à la faillite Thurneyssen : Mais ma maison a ouvert un compte courant ; j'ai donné de l'argent à M. Thurneyssen, qui m'a remis ses 2,000 titres : il me les a donnés en gage ; j'ai le droit de rétention. On lui a répondu : Qu'est-ce que vous appelez droit de rétention ? C'est un droit de privilége, et ce droit ne vous est point conféré par la loi ; et la Cour de cassation, et la Cour de Rouen et la Cour d'Amiens le jugeaient ainsi.

A cela on répond : Prenez garde ; je n'ai pas le droit de l'exercer contre les tiers, mais j'ai le droit de l'exercer contre le débiteur. Mais c'est l'article 2092 du Code Napoléon : Tous les biens du débiteur appartiennent au créancier. Les titres ne m'appartiennent pas à moi, parce qu'ils sont dans ma caisse ; mais j'ai le droit de les faire saisir, d'en faire ordonner la vente, non en vertu du contrat de naptissement, mais en vertu du droit commun. Je présente requête pour saisir, je fais saisir et vendre si on ne paye pas. En confondant ce droit avec le droit de rétention, vous faites la plus grave confusion.

Voilà la loi, c'est-à-dire la loi et le commentaire le plus élevé de tous, celui de la Cour de cassation, celui des Cours d'appel qui ont été appelées à se prononcer sur cette importante question.

S'il y a encore un point qui, sous cet aspect, puisse donner un doute à la Cour, comme il s'agit de question de droit, de même que je l'ai remerciée tout à l'heure de dire qu'elle avait bien saisi ma plaidoirie, je supplie qu'on me le signale. Nous discutons une question de droit avant d'arriver au fait ; par conséquent, cette question de droit n'importe à l'amour-propre de personne. Il s'agit seulement de savoir ce qu'est la loi. Si j'ai tort, je le confesserai humblement.

Si j'ai raison, mon contradicteur ne s'en offensera pas davantage.

Je me résume : Il n'y a pas de gage s'il n'y a pas de titre public ou privé, enregistré. C'est le seul titre de créancier gagiste qui me donne le droit de rétention, c'est-à-dire le droit privilégié de retenir ce qui m'a été donné en gage ; mais comme rien ne m'a été donné en gage, comme il n'y a pas de titre public ou privé enregistré, comme on m'a simplement remis des titres en échange des sommes que j'ai données, il n'y a pas de gage, par conséquent il n'y a pas plus de droit de rétention qu'il n'y a de privilége. Il y a si peu de droit de rétention que tout le monde peut venir prendre sa part ; il y a si peu un privilége que, si je veux me faire payer, je ne puis le faire qu'en vertu de la loi commune, et non pas en vertu du nantissement.

Ce n'est pas un nantissement. Alors où est donc l'escroquerie ? Puisque ce n'est pas un nantissement et que l'on convient que ce n'est pas un dépôt, si c'est un compte courant, quel est le droit de celui qui m'a remis ses titres ? C'est, au jour du règlement, de me réclamer ses titres. Quelle est mon obligation ? c'est, au jour du règlement, de lui donner ses titres. S'il y avait nantissement, il aurait le droit de venir me réclamer l'objet même donné en nantissement et de voir si je le conserve comme gage ; mais, dès que ce n'est pas un nantissement, qu'il ne peut pas être un gage, je n'ai qu'à remettre l'objet qui m'a été donné en compte

12

courant sans désignation, ou l'équivalent, au jour du règlement définitif.

Maintenant, un mot sur la moralité de ce fait, puisque vous êtes appelés à l'examiner comme fait.

Ce qu'a fait Mirès dans l'intérêt de la Société dont il était gérant, tous les banquiers, toutes les sociétés financières le font. Permettez-moi de vous dire que c'est bien autre chose encore. Vous allez au Sous-Comptoir d'escompte, au Sous-Comptoir des chemins de fer, vous empruntez sur 100 crédit mobilier 40,000 francs. On vous donne un écrit dans lequel on porte tous les numéros des titres de Crédit mobilier que vous remettez. Voilà le dépôt. Pourquoi, me direz-vous, n'en faites-vous pas autant? Je vais vous l'expliquer. A côté de ce titre, on se fait remettre un autre titre. On vous donne 40,000 francs, vous donnez 100 crédit mobilier. Mais les banquiers sont des banquiers, il faut qu'ils fassent leur état. Alors ils vous font faire des billets pour 40,000 francs à trois mois. Vous donnez ces billets, on les négocie...

Mais la Caisse de la maison Mirès et Cⁱᵉ ne se fait pas souscrire de billets, il faut bien qu'elle ait quelque chose. Comment! Je renverserai toutes les lois de la morale, si je dis à l'homme qui vient me remettre des titres : Je vous donne 20,000 francs, il faut que je tire parti de vos titres ; ce n'est pas les 4 0/0 que vous allez me donner qui seront mon bénéfice. Quand la Banque de France nous a fait payer 8, 9, 10 pour cent, nous n'avons pas augmenté notre intérêt, nous, maison de banque, parce que nous trouvions ailleurs ce que nous ne prenions pas en intérêts. Mais que je donne l'argent à 4 0/0 quand je puis en payer 8, et que je ne puisse pas me servir de ce qu'on me donne, j'immobiliserais niaisement mon capital, je réduirais ma maison de banque à ne pas faire la banque, c'est insensé! C'est impossible!

J'ai donc expliqué cette partie de la discussion et je la finis par ceci : Je ne donne pas de numéros, par conséquent je ne désigne pas le titre que je reçois. Si on m'apporte des titres nominatifs, je veux un transfert. Si le transfert ne me convient pas, je veux, au lieu de titres nominatifs, des titres au porteur; et, quand on m'apporte des titres au porteur qui ont des numéros, je supprime les numéros, et je donne simplement un récépissé ainsi conçu : «J'ai reçu 25 autrichiens de Simon.» Pourvu que je rende à Simon 25 autrichiens, que voulez-vous qu'il me réclame de plus? Il viendra me dire : Je vous ai donné les numéros 8 à 33. Je lui dirai : Je ne connais pas les numéros 8 à 33; vous m'avez remis 25 autrichiens, les voilà. Et vous prétendez que je le vole, que je l'escroque, que je lui enlève son argent, que je viole les principes les plus sacrés de la morale?

Je suis dans le cœur de la question. Puisque je ne lui ai donné qu'un reçu portant ces mots : J'ai reçu 25 autrichiens, c'est que je lui dois 25 autrichiens.

Maintenant, qu'est-ce que j'ai fait? Vous dites que

j'ai vendu ces autrichiens. Je vous dis que ce n'est pas vrai. Quand donc les ai-je vendus? Quand vous me les avez réclamés, vous les ai-je fait attendre? Pas le moins du monde. Je les ai vendus, dites-vous, en 1857 et 1858; me les avez-vous demandés dans l'intervalle? êtes-vous venu me les réclamer en 1859 ? Si vous étiez venu, et que je ne les eusse pas eus, j'aurais envoyé à la Bourse acheter des autrichiens et je vous les aurais donnés. Je ne vous devais pas tels ou tels 25 autrichiens, je vous devais 25 autrichiens. J'ouvrais ma caisse ; si j'en avais, je vous disais : Les voilà. Si je n'en avais pas, je disais à un agent de change : Achetez-moi 25 autrichiens, et je vous les rendais. Quand je les eusse vendus dix, vingt, trente fois dans l'intervalle, pourvu que, le jour où vous me les demandez, je vous donne vos 25 autrichiens, vous n'avez rien à me dire ; ce qui veut dire que vous n'avez rien à me demander jusqu'au jour du règlement.

Quant aux ventes du 30 avril, des 2 et 3 mai, j'ai écrit le 30 avril, le 2 et le 3 mai les lettres que vous connaissez. Dans quelle situation l'ai-je fait ? C'est quelque chose de désolant que d'avoir à répondre à cet argument de l'attaque, qui écrase un homme sous le poids des récriminations les plus vives sur un fait qui s'explique de lui-même.

J'ai d'abord écrit le 30 avril. Où en étaient les cours? La rente était à 61 fr. 40 ; nos Caisses à 180 fr. ; le mobilier à 530 fr.; les autrichiens à 370 fr.; le Lyon à 750 fr. La faiblesse de ces cours est évidente pour tout le monde. Avec ces cours, je me trouve déjà, moi, en avance d'une somme extrêmement importante vis-à-vis de ceux qui m'ont donné leurs titres. Je leur écris le 30 avril : Craignez la baisse. Je vends au cours d'aujourd'hui; la baisse peut faire de nouveaux progrès ; elle en fera, je le crains ; en conséquence je vous liquide.

Le 1ᵉʳ mai, il y a cette différence que la rente est tombée de 15 c., que les Caisses sont tombées de 5 fr., le mobilier de 10 fr., les autrichiens de 30 fr. Vous voyez que tous ceux qui avaient des autrichiens, qui auraient pu vendre le 30, ont bien perdu depuis le 30.

Le lendemain, les autrichiens ont encore baissé de 10 fr., le mobilier de 15 fr., les Caisses de 12 fr., la rente de 20 c. Voilà où on en est le 3. J'écris que la baisse m'effraye, qu'elle deviendra bien plus forte. Vous savez dans quelles circonstances on était. Est-il possible de dire que ceux qui croyaient à une baisse plus forte avaient tort? En Autriche les fonds baissaient rapidement; en Angleterre ils ne se maintenaient pas ; en Allemagne il y avait une véritable panique. Dans cette situation, six jours après, nous devenions les hommes que nous sommes, nous nous moquions de la guerre ; nous en étions enchantés. Il nous en faut de temps en temps. Alors, au lieu de faire de la baisse, par notre courage, par notre légèreté de caractère, par tout ce que vous voudrez, mais enfin, par un bon sentiment, nous nous précipitons dans la rente. Le 4, le 5, le 6, les cours baissent encore considérable-

12.

ment, car le mobilier est tombé à 505 r., les Caisses à 150, la rente française à 60 fr., les autrichiens à 310, le Lyon à 712 fr. 50 c. Mais le 7, la baisse s'arrête, et le 9, la hausse apparaît et continue les jours suivants.

M. LE PRÉSIDENT. — Maître Crémieux, nous vous écoutons avec grand soin et avec plaisir, mais vous êtes fatigué. Si vous vouliez une heure demain?

Me CRÉMIEUX. — Oui, Monsieur le Président.

M. LE PRÉSIDENT. — A demain, onze heures précises.

Me CRÉMIEUX. — Messieurs, plus un mot des questions de droit que présente la cause; la Cour m'a fait l'honneur de me dire que le système que j'ai développé devant elle avait été bien compris; c'est pour moi un grand bonheur, et c'est aussi une prescription qui me montre le cercle dans lequel je dois me renfermer. Je vais donc examiner le surplus du procès, en dehors des questions de droit; je vais supposer qu'il n'y a aucun nantissement dans le fait de la remise successive des actions, et pour n'y pas revenir, pour que nous n'ayons pas à faire des pas rétrogrades, pour que le ministère public sache bien ce qui se passait à cet égard et le cas qu'il faut faire de ces lettres, écrites par certaines gens qui se plaignent si fort aujourd'hui, je veux dire à la Cour bien positivement ce qui s'est passé chez Mirès pendant les six années qu'il a dirigé la Caisse générale des chemins de fer, sans que personne se soit plaint. Je ne reviens pas sur la manière dont il demandait les titres. Je n'ai pas à rappeler ce qui concerne les titres nominatifs, les titres au porteur, cela est entré dans les questions de droit ; mais je rappelle ceci : il y avait des dépôts, il y en avait parce que les statuts dont on parlait hier autorisaient à la fois les dépôts de titres, qui étaient de véritables dépôts, et des remises de titres en compte courant, qui étaient tout autre chose.

J'ai remis à la Cour un tableau fait par les ordres de M. de Germiny quand il est entré dans l'administration de l'affaire ; tableau qui prouve qu'il y avait 478 individus qui avaient déposé 7,112 titres nominatifs, titres qui, tous, sont restés dans la Caisse, et auxquels on n'avait pas touché. Hier, M. l'avocat général, qui reçoit des lettres (plus l'affaire durerait, plus il en recevrait ; vous comprenez que tous ceux qui ont été exécutés et qui s'imaginent être créanciers de sommes importantes ne manquent pas d'écrire) , M. l'avocat général a cité une lettre de M. Beauvais, qui avait déposé des Simplon, et je lis dans la *Gazette des Tribunaux* d'aujourd'hui ces mots :

« La preuve que Mirès ne devait pas vendre les actions qu'on
« déposait chez lui, c'est que je viens de retrouver une lettre me
« donnant les numéros des actions du Simplon. »

En sortant de l'audience, je suis allé à la Caisse
des titres, et j'ai retrouvé précisément ces 75
actions du Simplon déposées par M. Beauvais. Les
voilà, nous les présentons à la Cour avec leurs numéros. Il en est ainsi de tant d'autres plaintes aussi
mal fondées, et voilà ce qui m'a décidé à plaider dans
le procès. Franchement, croit-on qu'on se soucie de
plaider devant la Cour pour un homme qui a été condamné à cinq ans de prison, qui a été déclaré coupable
des faits les plus graves, lorsque déjà deux avocats
du talent de Plocque et de Mathieu n'ont pas réussi
malgré tant d'éloquence, tant de dévouement, tant de
zèle? La tâche n'est pas facile après de tels maîtres,
et l'on ne s'en charge qu'après l'examen le plus
sérieux, le plus détaillé. Eh bien! donc, il y a eu
des titres nominatifs; vous les avez dans le tableau;
il y a eu des dépôts, vous les avez dans le tableau;
les titres nominatifs n'ont pas été touchés, les dépôts
n'ont pas été touchés. Puisque Mirès n'a touché ni aux
titres nominatifs, ni aux titres numérotés formant dépôt, il y avait donc autre chose dans la Caisse des titres? En effet, et le voici : Les 333 individus exécutés avaient reçu seulement des récépissés ainsi
conçus : Reçu de M. Simon, 25 autrichiens; reçu de
M. Paul, 25 crédit mobilier, etc. ; c'est-à-dire qu'ils

avaient remis des titres en compte courant ; ce sont ces titres qui font l'objet du procès ; mais, quand il y a eu des dépôts, ils ont été scrupuleusement respectés. C'est un point sur lequel je prie la Cour de porter son attention au moment de juger.

Je suppose, pour le moment, qu'il n'y a pas de nantissement, et je suis accusé d'escroquerie ! Pourquoi ? Parce que je n'ai pas averti d'avance les individus à qui appartenaient les actions qui n'étaient là ni à titre de nantissement ni à titre de dépôt ; je leur ai dit simplement : Je vous vends aujourd'hui.

C'est là, dit-on, une mauvaise action. Je ne comprends pas bien. Il n'y a de mauvaise action que celle qui a été inspirée par une mauvaise pensée, dans une pensée de profit illicite pour celui qui agit. Or, voyons : Mirès écrit à des clients : « Il y a aujourd'hui une baisse considérable ; une baisse plus forte est imminente à mes yeux ; je ne serai plus assez couvert par vos titres en compte courant, je vous préviens que je vous vends aujourd'hui. » Le client qui reçoit cette lettre acceptera ou n'acceptera pas ; s'il n'accepte pas, il répondra : Je ne veux pas de votre vente. Si vous n'étiez pas assez couvert, il fallait me demander d'autres garanties. Je n'accepte pas la vente. On ne pourra pas le contraindre !

Les principes généraux du droit sont un obstacle à la vente ainsi faite sans mise en demeure, sans avertissement préalable. Toutes les lois défendent de se faire justice à soi-même. Est-ce qu'il ne faut pas une mise en demeure à un débiteur? Est-ce que le débiteur n'a pas le droit de se libérer sur cette mise en demeure? Mirès a vendu sans droit, cela est évident. Que ce soit un acte contraire à la morale, c'est une autre question que décident les circonstances; mais l'acte est contraire à la loi civile, et celui qui ne veut pas l'accepter ne peut être contraint à le subir, la vente n'existe pas pour lui. Qu'est-ce que c'est donc, je vous prie, que ce délit de l'autre monde qui consiste en ceci : Le fait que l'on me reproche n'est pas un fait, il n'existe pas, il ne peut exister que par la volonté de la partie à qui je voulais l'imposer. J'ai écrit à Paul : Je vends aujourd'hui vos titres; Paul répond : Je n'accepte pas cette vente. Cette réponse la fait tomber, elle n'existe pas. Et vous voulez que ce fantôme soit un délit; et quel délit? Une escroquerie !

J'ai écrit une lettre qui ne signifie rien, j'ai fait une vente qui ne signifie rien, et je suis un escroc !

Attendez ! Voici quelque chose de plus curieux : J'ai dit que j'avais vendu, et j'ai ajouté : il y a une baisse qui sera plus forte encore. Or, la baisse a continué le 1er mai, le 2, le 3 et jusqu'au 7 mai. Si j'avais vendu des titres à 200 fr., et que, quinze jours après, ces mêmes titres fussent tombés à 100 fr., est-ce qu'un seul exécuté m'aurait blâmé? est-ce qu'on m'aurait taxé d'escroquerie? est-ce qu'on n'aurait pas trouvé cette vente bien faite? Le délit que vous m'imputez est donc un délit éventuel. Il dépend de la baisse ou de la hausse des titres. En cas de baisse, tout est pour le mieux, je ne deviens un escroc qu'en cas de hausse. Que dites-vous de cette escroquerie, qui dépend d'un événement arrivé contre ma prévision, et qui peut être un fait innocent ou coupable selon le vent de la politique ?

Mais quoi ? Ceux dont on a vendu les titres le 30 avril ont eu encore six jours de baisse. Ceux qui ont été exécutés le 2 ont eu cinq jours, le 3, quatre jours de baisse. Eh bien ! supposez maintenant que le 5, que le 6, que le 7 ils soient arrivés chez Mirès pour se plaindre ; Mirès aurait dit : Je vous ai vendu à 200 fr., vous le trouvez mauvais ; mais le cours est à 180, à 160, allez à la Bourse et rachetez, vous aurez un bénéfice certain. C'est tout justement ce qu'il a dit. Il y avait donc avantage pendant plusieurs jours, et Mirès l'avait prévu ; il avait écrit : « Vous pourrez rentrer en baisse, et nous vous aiderons. » Le client ne l'a pas voulu. Est-ce donc la faute de Mirès ?

La hausse est revenue ; est-ce qu'il a voulu la hausse ? est-ce qu'il a pu la supposer dans l'opération qu'il a faite ?

Mais, les ventes faites, voyez à quoi il s'expose : que la hausse survienne, il va se trouver dans une situation déplorable ; car vendre pour des individus à qui l'on n'a pas écrit pour leur en demander l'autorisation, c'est évidemment ne rien faire, ils répudieront la vente, la hausse sera contre lui, non contre eux. C'est ce qui a eu lieu. La hausse arrive, et les réclamations se succèdent, menaçantes, énergiques ; il faut qu'il rachète, il faut qu'il subisse leur loi pour avoir violé la loi. Et le ministère public de s'écrier : Mirès a prévu tout cela, il savait à merveille ce qu'il faisait ! Il disait à ces braves gens qu'il y aurait baisse, mais il savait bien qu'il y aurait hausse.

Est-ce bien sérieux ? Mais s'il prévoyait la hausse, il était fou de vendre ; pourquoi vendre, puisqu'il aurait eu dans ses mains, quelques jours plus tard, des titres beaucoup meilleurs que ceux qu'il vendait ? Il vendait parce qu'il n'était pas couvert à cause de la baisse ; la hausse devait le couvrir ; pourquoi vendre s'il l'avait prévue ? Je vous en supplie, Messieurs, examinez tous ces aspects avant d'arriver à la discussion de l'escroquerie.

M. Mirès. — Si j'avais prévu la hausse, j'aurais fait la mise en demeure !

Me Crémieux. — Voilà un bon argument auquel je ne songeais pas. Si j'avais prévu la hausse, vous dit Mirès, j'aurais fait la mise en demeure. Il ne l'a pas faite, pourquoi ? Parce qu'il croyait à la baisse et qu'il fallait agir rapidement.

Encore une fois, Messieurs, retenez bien ces observations, au moment où je vais aborder la question d'escroquerie, demandez-vous dans quel esprit a été faite cette vente. Hélas ! c'est chose désolante d'entendre ces malheureux, qui n'avaient pour toute fortune que ce qu'ils avaient placé dans des valeurs de bourse, se plaindre

perdu ! Un cocher, un concierge, un domestique... Ah !
je le dis avec une sincère douleur, c'est dans ce monde-
là aujourd'hui qu'on trouve les joueurs ; grand malheur
sans doute ! Mais concierge, cocher, et bien d'autres
encore qui appartiennent aux plus modestes profes-
sions, se sont précipités à la Bourse. Ce fut une excellente mesure que celle qui, par l'impôt, les a forcés de
s'en retirer. Quand, d'aventure, vous entriez dans ce
Capharnaüm, tous vos gens y étaient : vos domesti-
ques, votre portier, votre femme de ménage ; c'était
une épidémie générale.

Vous étiez tout étonné de les entendre parler de re-
port, de hausse, de baisse ; vous n'étiez plus à la hauteur
de leur intelligence. A la loterie, heureusement sup-
primée, qui dévorait leurs humbles économies, a succédé la passion des jeux de Bourse. Eh ! Messieurs,
comment nous séparer du milieu dans lequel nous
sommes? Est-ce que c'est possible? Voyez ce qui se
passe pour les emprunts.

Le gouvernement demande 500 millions, il trouve
2 milliards. Et comment ! En appelant les petites fortunes, les petites économies ! La rente est à 60 et vous
faites des emprunts à 57. Est-ce que ces gens-là ne savent pas qu'ils ont 3 francs à gagner, que l'emprunt
va se niveler avec la rente? Vous demanderiez 2 milliards, vous en auriez 3 ou 4, en faisant miroiter 3 ou
4 francs de hausse. Disons qu'il est très-bon que le
public couvre des emprunts nécessaires, mais constat-
tons qu'ils deviennent encore une matière aux jeux

13

de Bourse et qu'on attire par la prime. Tenez, vous avez naguère traversé la rue de Rivoli, lors de l'émission des obligations trentenaires, qu'y avez-vous vu? Était-ce nous, nos amis, nos connaissances, les hommes de notre situation? Il y avait là, depuis quatre heures du matin jusqu'à dix heures du soir, des individus qui, pour gagner 10 fr., se faisaient inscrire. Le lendemain, chaque obligation valait 10 fr. de plus. Je ne blâme pas, je raconte, et je tire cette conséquence: quand on joue en haut, on joue en bas; et nous ne devons être surpris, ni de voir un si grand nombre d'établissements qui ont pour objet de développer ce qui se développe de toutes parts, ni de voir accourir dans ces établissements les plus petites économies qui rêvent la fortune.

M. l'avocat général disait hier que, lorsque les gouvernements favorisent la hausse des effets publics, c'est dans l'intérêt de tous.

Dieu nous garde, Messieurs, de laisser passer cette doctrine! Il n'y a pas deux morales dans ce monde, une pour le gouvernement, l'autre pour les particuliers. Le gouvernement, s'il fait des cours fictifs à la Bourse, n'est pas plus excusable qu'un banquier. Mais laissons cela, je ne veux pas marcher sur des charbons ardents. Je n'ai voulu que protester. Je ne suis pas ici pour faire le procès au gouvernement, je suis ici pour défendre au procès fait à Mirès.

Revenons maintenant à cette question d'escroquerie. Voici comment on l'établit. On dit à Mirès : Vous avez dissimulé les premières ventes, c'est une première ma-

nœuvre frauduleuse. Je réponds que le point de départ
ne tient pas devant le droit.

Puisqu'il, n'y avait pas de nantissement, je n'avais
rien à dissimuler ni à faire connaître. J'étais le maître,
jusqu'au jour où la restitution m'en serait demandée,
de disposer des actions qui m'avaient été remises, sans
numéro, en compte courant. Si j'avais ce droit, je n'ai
pas eu besoin de dissimuler. On ne dissimule pas un fait
qu'on est en droit d'accomplir. La dissimulation est le
secret dont on enveloppe un fait coupable. Il faut donc
écarter cette première manœuvre : *Feci, sed jure feci.*

On ajoute :

Vous avez affecté de croire et vous avez cherché à
faire croire à la baisse, quand vous saviez très-bien
que la hausse aurait lieu plus tard ; seconde manœuvre.

Je réponds : La baisse a eu lieu ; elle a continué pendant quelques jours ; par conséquent, je pouvais croire
à la baisse et à sa continuation.

On poursuit : Vous annoncez une vente, c'est une
vente fictive.

Je réponds : Quand vous avez prononcé ce mot de
vente fictive, vous n'avez rien dit ; la vente que l'on
appelle fictive est une vente.

En effet, il y a deux espèces de vente : il y a la vente
pour laquelle on prend dans son armoire les actions
qu'on possède et qu'on porte à son agent de change
pour les vendre.

Il y a ensuite la vente que vous appelez fictive. La voici :

J'ai en compte courant de Simon 15 actions que je possède ou que je ne possède pas dans ma caisse ; ces actions je ne les vends pas moins, quoique je ne les aie pas dans ma caisse. Voici comment : Je porte au crédit du compte courant de Simon 10,000 fr., montant du prix de vente des 15 actions qu'il m'a remises. Il a 10,000 fr. au crédit de son compte courant, j'ai donc vendu les 15 actions, puisque je l'ai crédité du prix de la vente. Entre lui et moi la vente est complète.

Remarquez bien, Messieurs, que je n'examine pas le droit de Mirès en lui-même ; je réponds seulement au reproche.

Autre manœuvre : Vous avez fait, avec un agent de change, une vente simulée, un rachat simulé.

Il n'y a point eu de vente simulée. J'ai vendu et acheté le même jour. Je n'ai point envoyé de bordereau d'agent de change au client ; je n'ai jamais invoqué ce bordereau ; un vif débat entre mon défenseur, le Ministère public et moi s'est terminé par ces mots de mon avocat : « Jamais aucun bordereau n'a été envoyé, jamais invoqué, nous le soutenons. » Et le ministère public a répondu : J'accepte ce fait.

J'ai seulement porté le prix de la vente au crédit du client sur son compte courant. Il n'y a rien de fictif, rien de simulé dans tout cela. J'ai pris le moyen le plus simple et le plus loyal, afin d'établir ce qu'on appelle à la Bourse *notre cours de compensation*, c'est-à-dire le cours sur lequel notre compte devait être réglé.

Finissons sur ce point : ce que vous appelez vente

fictive, c'est la vente la plus réelle ! En voici la preuve
éclatante. Supposez ceci : j'ai vendu à 200 fr. et puis
les actions ont baissé à 100 fr. Voici le client à qui j'ai
annoncé la vente par ma lettre; il vient régler son
compte à raison de 200 fr. Est-ce que je pourrai lui
répondre : Non, non, c'est une vente fictive, vos titres
sont aujourd'hui à 100 fr.; je ne les ai pas vendus,
j'ai fait semblant de les vendre, nous allons compter à
100 fr.? Il me dira : Voilà votre lettre, dans laquelle
vous me déclarez que vous avez vendu; entre vous et
moi la vente n'a pas besoin d'autre écrit; voilà mon
compte courant dans lequel vous m'avez crédité du prix,
c'est donc bien vendu. Et il aurait évidemment raison.

Mais la question n'est pas même entre le client et
moi, elle est entre moi et la prévention.

Si je me suis engagé en écrivant que j'ai vendu,
pouvez-vous dire que le contrat n'existe pas ? Pouvez-
vous dire que c'est une vente fictive ? Nous sommes
ici au criminel et non au civil ; or, au criminel, il faut
voir s'il y a eu fraude. Peut-il y avoir fraude dans le
fait lui-même ? Comment le prétendre ? Dans les circonstances que je signale, est-ce que la fraude est
possible ? est-ce que je ne suis pas engagé ? est-ce que
je ne suis pas lié par ma lettre ? est-ce que je ne suis
pas obligé d'en passer par le prix annoncé dans ma
lettre ? Donc ce qu'on appelle la vente fictive est une
véritable vente.

Mais voyez jusqu'où va l'esprit de subtilité dans le
droit ! il va jusqu'à ceci ; Vous avez annoncé un évé-

nement chimérique. — Quel événement? La baisse! — Comment! j'ai annoncé un événement chimérique! mais la baisse a duré plusieurs jours, et je pouvais croire qu'elle durerait davantage. Où est donc la chimère? — La voici : Vous n'aviez plus les actions, donc elles ne pouvaient plus baisser.

Comment répondre? Je n'avais plus les actions! Mais j'en étais débiteur, mais, si on me les eût réclamées le 1er mai, est-ce que je n'aurais pas été obligé de les livrer contre le payement du débit en compte courant? Si je ne les avais pas, je les aurais rachetées à la Bourse et restituées. Et ces actions étaient en baisse ce jour-là, le lendemain, pendant six jours encore. Je pouvais les racheter en baisse avec avantage, et certes l'argent ne manquait pas dans la caisse. Prenez la situation à cette époque : il y avait en caisse dix fois plus d'argent qu'il n'en fallait pour représenter le prix des actions.

Eh bien! voilà l'escroquerie. L'escroquerie! mot désolant, dont le malheureux ne se consolera jamais.

Dans notre pays, le mot escroquerie n'a pas d'équivalent peut-être. On peut produire toutes les accusations, même les plus injustes, contre un homme; mais lui dire qu'il est un escroc, le lui jeter au visage avec une apparence de vérité, c'est à tordre le cœur, c'est à briser le corps, c'est à glacer le sang dans les veines.

J'ai discuté l'escroquerie dans les manœuvres qui l'ont précédée, voyons maintenant le fait lui-même. J'ai vendu sans avertir. Si j'avais averti, je n'aurais pas commis un délit, personne ne m'aurait accusé. Je n'ai pas averti, voilà tout, et je suis un escroc! Mais quoique je n'aie pas averti, je suis lié par ma lettre ; c'est égal, je suis un escroc. S'il y avait eu 100 francs de baisse, comme cela devait être, tout le monde se serait réjoui et aurait dit : Il m'a sauvé de 100 francs de baisse, Il y a eu de la hausse, je suis un escroc !

Je veux aller plus loin. En matière de droit et de faits on est illuminé sans cesse. Supposez que, dans l'intervalle du 4 au 7, les clients qui ont été ce que vous appelez *exécutés* se fussent présentés chez moi et que nous eussions tout réglé, que tout le monde m'eût dit : Vous avez bien fait et nous acceptons. Supposez-le, est-ce qu'il y aurait un délit ? Non. Eh bien ! le Tribunal en a trouvé un quand même.

Continuons : tout le monde est venu et m'a dit : C'est bien. Mais, huit jours après, la hausse arrive, et ceux qui avaient dit : C'est bien ! disent : C'est mal. Voilà l'escroquerie !

Il y aura donc ou il n'y aura pas délit dans cette affaire, suivant le bon plaisir du client, et nous nous trouvons en présence de quelque chose d'innommé qu'on pourrait appeler l'escroquerie facultative.

On a demandé quel est le droit de ceux qui ont été exécutés? Il est le plus simple du monde ; en vertu, non pas de la loi relative au nantissement, non pas de la loi relative au dépôt, mais en vertu de la loi générale, et d'abord du principe que nul ne peut se faire justice à soi-même ; en vertu de cet autre principe, que le débiteur a toujours droit à une sommation de payer; que, tant que cette sommation n'est pas faite, il n'est pas en retard, et que, tant qu'il n'est pas en retard, il ne peut subir aucune exécution : en vertu de ces principes si simples, si justes, que va-t-il arriver ?

Je n'ai pas à examiner ce que font les liquidateurs qui règlent sans moi la liquidation. Quant à nous, si notre avis peut être de quelque poids, la solution nous paraît facile. Vous avez exécuté sans appeler le débiteur, sans le prévenir, vous en subirez les chances. On se plaint, il faut faire droit aux plaintes ; faire droit aux plaintes, c'est remettre à ceux qui se plaignent autant d'actions qu'ils en avaient, si d'ailleurs ils n'ont pas ratifié explicitement ou implicitement ce qui a été fait.

Voilà ce qui me paraît être le droit, les tribunaux jugeront.

Mais ce droit ne donne pas ouverture à une action correctionnelle. Mirès a eu le tort immense d'exécuter sans avertir, l'exécution est nulle. Mais de ce que l'exécution est nulle, est-elle coupable ? De ce qu'elle serait coupable, est-ce une escroquerie ? Il a reconnu son tort, quoique ce tort fût aux événements plus qu'à lui-même ; il a fait 193 réintégrations sur la première demande, sans contrainte.

M. Barbet-Devaux, dans la belle et grande déposition que vous savez, a déclaré ceci :

« Aussitôt que j'ai fait part à M. Mirès des réclamations qui « étaient formées, il a dit une fois pour toutes : Faites droit à « toutes les réclamations, même sans m'appeler. »

M. Malahar a dit :

« Toutes les fois qu'on se présentait dans les bureaux pour les

« réintégrations, j'ai réintégré, j'avais reçu l'ordre de M. Mirès. »

Maintenant, que Mirès, à qui l'on s'est adressé, ait répondu : Que voulez-vous que j'y fasse ? Ce n'est pas moi qui vous ai ruiné, c'est la baisse. Quelle conséquence tirez-vous de ces paroles ?

Voulez-vous que Mirès entre avec chacun des réclamants dans les détails de l'affaire, et dise : C'est avec moi que vous devez traiter ? Mais il y a deux employés supérieurs, le chef de la comptabilité Barbet-Devaux, et le chef de la correspondance Mallart, et il leur a dit à tous deux : Quand on vous demandera d'être réintégré, faites-le. Que pouvait-il de plus ?

Et c'est de l'escroquerie ! Et voilà l'homme qu'il faut condamner à cinq ans de prison ! et c'est là ce que vous pourriez admettre ! Je ne vous fais pas cette injure.

Les exécutions, en droit, ne m'ont jamais paru constituer un délit. Oui, dans le cours ordinaire des choses, les exécutions auraient été un acte sans excuse ; mais dans ce moment d'anxiété, lorsque la guerre faisait tout craindre, l'excuse venait se placer à côté du fait.

On peut soutenir qu'il y a un tort réel à réparer, il n'y a pas un délit à punir.

Si j'osais le dire, si la Cour me le permettait, je dirais que c'est un tort que la Cour doit relever dans son arrêt, afin que l'on voie bien les limites du droit et où chacun doit s'arrêter. Posez le principe comme vos arrêts savent les proclamer : cela vaut mieux qu'une condamnation.

Mirès a écrit que vous avez des préjugés, ces préju-

13.

gés nous les partageons avec vous, nous autres avocats ;
nous les partageons, parce qu'il naissent du respect de
la loi. Nous sommes heureux de cette communauté
d'existence, de cette communauté de sentiments. Vous
êtes appelés à élever un monument à l'honnêteté et
à la probité publiques ; l'occasion de proclamer de
grands principes se présente, proclamez-les avec la
haute autorité qui s'attache à vos décisions ; mais
brisez en même temps cette condamnation pour escroquerie, que rien, dans la cause, ne peut expliquer.

J'arrive à l'affaire des Caisses. Cette affaire des
Caisses était, dans l'origine, tout le procès. Mirès avait
vendu 21,000 actions appartenant aux actionnaires de
la Société dont il était le gérant. Il avait gagné des
millions.... c'était odieux ! Mais depuis combien de
temps, avant que quelqu'un eût songé à se plaindre, les
avait-il réintégrées ? quinze mois, dix-huit mois avant
que personne y songeât. Il s'agit d'un détournement
frauduleux, d'un abus de confiance.

Un abus de confiance ! un détournement frauduleux !
Y pensez-vous ? Comment ! un détournement frandu-
leux d'objets qui étaient réintégrés dix-huit mois avant
la prévention ! Mais nous avons donc abdiqué tous les
principes du droit ? Nous sommes à mille lieues de la
loi ; nous sommes aux antipodes de la jurisprudence.

Qu'est-ce que le détournement frauduleux commis
soit par un mandataire, soit par un dépositaire ?

J'ai donné à un homme mille écus pour aller les
porter à un autre. Cet homme garde les mille écus ;

il s'en sert, il en use, et puis, à un jour donné, il se
rend chez celui à qui il devait, deux ou trois mois auparavant, remettre les mille écus, avant qu'on lui ait
fait aucune sommation, il paye! — Cet homme a bien
détourné pendant deux ou trois mois mon argent ;
mais sans fraude, puisqu'il l'a restitué sans demande :
est-ce que c'est un délit? Jamais, ni sous la loi romaine,
ni sous la loi française avant la révolution, ni sous la
loi de 1791, ni surtout sous notre Code pénal, dont les
termes sont si clairs, si précis, on n'a attaché l'idée
d'un abus de confiance, d'un détournement frauduleux,
à l'usage d'un objet dont on a la possession même
illégitime, mais momentanée, et que l'on restitue
avant toute poursuite.

Il y a un arrêt de la Cour de cassation, rendu dans
une circonstance toute particulière : des individus,
condamnés, pour un délit de douanes, à 10,000 francs
d'amende, donnent à un de leurs camarades ces
10,000 francs pour aller les porter immédiatement à
la douane, afin d'être mis en liberté. Ce dépositaire,
ce mandataire, les garde pendant un certain temps,
il s'en sert pour lui-même ; puis, tout à coup, il se
ravise et va porter à la douane l'argent qui lui a été
confié. Pendant ce temps, les condamnés restaient en
prison. La Cour de Metz prononça contre cette violation du mandat la peine de l'abus de confiance. La Cour
de cassation cassa l'arrêt de Metz, par le motif que,
l'argent ayant été restitué avant qu'il eût été réclamé,
on ne pouvait pas considérer cette rétention momen-

tanée comme un abus de confiance. Et cependant les individus condamnés avaient gardé la prison pendant que leur mandataire se servait de leur argent sans le remettre à la douane. Je n'ai pas l'arrêt sous la main, mais mon savant ami, Faustin Hélie, l'a rapporté dans le 8e volume de sa *Théorie du Code pénal*.

On me fait passer le volume ; voici l'arrêt, je le lis :

« Des prévenus de contrebande, en état de détention, avaient chargé une personne, moyennant un salaire, de verser dans la caisse de l'administration des contributions indirectes une somme qui était le montant d'une transaction avec cette administration. Le mandataire employa cette somme à son usage personnel, et ce ne fut qu'après plusieurs jours, pendant lesquels les prévenus gardèrent la prison, qu'il en effectua le versement. La Cour de Metz avait vu dans ce détournement le délit prévu par l'art. 408; mais cette décision a été annulée par la Cour de cassation.

« Attendu que par les expressions *détourné ou dissipé au préjudice du propriétaire*, l'article 408 indique suffisamment qu'il ne fait pas consister le délit d'abus de confiance dans le simple retard qu'un mandataire salarié apporterait à l'exécution de son mandat, mais dans le fait de ce mandataire qui, par son infidélité, se serait mis dans l'impuissance de remplir son mandat. »

Je n'ai pas besoin d'insister. Le principe que le détournement à notre usage d'un objet déposé ou remis dans nos mains ne devient frauduleux que par le refus de restitution est un principe élémentaire.

Pourtant le jugement déclare que Mirès est coupable d'un abus de confiance pour avoir détourné frauduleusement 21,000 actions de la Caisse.

Le fait, le voici :

Sous l'influence des besoins sociaux, Mirès a vendu des actions de la Caisse en 1857, il les a réintégrées dans la Caisse en 1859. Dans cet intervalle, personne n'a réclamé, personne ne s'est plaint, personne n'a rien demandé à Mirès. Et voilà qu'en 1861 on l'arrête, on lui déclare qu'il a détourné frauduleusement ces actions. En vain, il s'écrie : Ouvrez la Caisse, vous les trouverez toutes, toutes sans exception, et vous verrez bien que je ne les ai pas détournées ! — On lui répond : Ce n'est pas aujourd'hui que vous les avez détournées, il y a bientôt trois ans ! — Mais il y a deux ans que je les ai rendues, que je les ai réintégrées. Elles ne sont donc pas détournées. On insiste : c'est un détournement frauduleux.

Savez-vous, Messieurs, ce qui détermine le Tribunal à dévier ainsi des principes? c'est que cette opération aurait donné à Mirès deux millions de bénéfices! Qui dit ce mensonge? C'est l'expert. Mais l'expert ne sait ce qu'il dit : au lieu de deux millions de bénéfices, l'opération n'a produit que de la perte! Vous en doutez : ordonnez une expertise en ma présence; l'expertise dira si l'opération a produit un bénéfice ou une perte.

Le Tribunal répond : Que l'expertise n'est pas nécessaire, parce que les documents de la cause suffisent !

Mais que disent les documents de la cause? Qu'en 1857 et 1858 Mirès a vendu des actions de la Caisse.

Très-bien! Ils disent ensuite : Qu'en 1859 il les a réintégrées. Où est donc le détournement?

Et les deux millions de bénéfices, quels sont les documents qui les établissent? L'expertise, l'expertise
seule, l'expertise par défaut, et l'expertise est déplorable! Et c'est pourquoi je répète encore : Une expertise, une expertise réelle, contradictoire!

Ce prétendu gain de deux millions, dont je me serais enrichi, s'il était vrai, ne donnerait lieu qu'à une
action civile. Si j'ai gagné deux millions, c'est que je
me suis servi de ce qui appartenait à mes mandants ou
à mes déposants. Si je m'en suis servi, comme j'ai ensuite restitué la chose elle-même, avant toute réclamation, l'art. 1996 du Code Napoléon m'est applicable,
mais non l'art. 408 du Code pénal. Je devrais compte
des intérêts, des revenus de ces actions ; si vous voulez aller plus loin, je devrais compte du bénéfice. Mais,
c'est là une question purement civile.

Vous avez découvert que j'avais gagné deux millions
avec vos titres, actionnez-moi en restitution de ces deux
millions et des intérêts. Mais faire de cela un détournement frauduleux et me poursuivre correctionnelle-
ment, alors que depuis seize mois tout est restitué,
je ne crains pas de dire que c'est là un fait qui ne s'est
jamais vu dans les annales de la justice. Je défie qu'on
me cite un seul jugement, de quelque tribunal que ce
soit, qui ait déclaré coupable de détournement frauduleux celui qui ayant, pendant un certain temps, disposé

d'une chose qui ne lui appartenait pas , l'avait rendue avant toute réclamation.

Comment ! pour le vol lui-même , pour la soustraction frauduleuse du bien d'autrui, si, avant toute poursuite, avant toute réclamation, le voleur restitue l'objet volé, le délit s'éteint ; la restitution avant toute plainte, avant toute demande, efface la première pensée coupable, et l'on veut qu'en matière d'abus de confiance, là où rien n'a été frauduleusement soustrait, il y ait délit dans le fait seul de s'être servi de la chose confiée, quand elle a été restituée entière, sans atteinte !

Je laisse, Messieurs, à votre savoir de jurisconsultes, la décision de cette question.

Mais le détournement, pour être coupable, doit être frauduleux ; où est la fraude ? Elle ne peut être que dans la vente, elle n'est pas dans le rachat, puisque le rachat avait pour objet la réintégration. Elle est donc dans la vente.

Mais qu'est ce que la fraude ? C'est l'intention criminelle de commettre le délit. Il faut donc que j'aie vendu pour détourner. Or, pourquoi ai-je vendu ? — Pour remplir des engagements sociaux. — Vraiment, Messieurs, il est des moments où je ne comprends plus ce terrible jugement. Quoi ! frapper Mirès à coups redoublés pour la vente des Caisses plus tard rachetées ? En droit, c'est de l'aberration.

Remarquez d'abord que les 21,000 actions ont été vendues en quatorze mois, sans que les déposants en aient reçu le moindre préjudice, le coupon leur étant toujours payé ; si la Compagnie a été forcée de payer ce coupon à ses actionnaires et en même temps aux acheteurs des actions, c'est-à-dire de perdre 760,000 fr., n'oubliez pas que, contrairement à ce que dit l'expert, Mirès a versé dans la Caisse 2,523,000 fr., dont une partie a suffi pour faire face à ce payement. Eh bien donc ! Mirès a vendu les 21,000 actions en 1857 au mois d'avril, et a continué à vendre les actions de ses associés. Quelle était, à cette époque d'août 1857, la situation de la Société ? Elle était obligée de faire alors les derniers payements de l'emprunt de 200 millions contracté avec le gouvernement espagnol, et les fonds lui manquaient !

Le dénonciateur lui-même a déclaré que, Mirès étant à bout d'argent, il fallait qu'il en fît entrer dans la Caisse pour satisfaire aux exigences de la situation la plus difficile.

Mirès n'a donc pas fait cette opération pour lui, il l'a faite pour la Caisse ; et quand il vend les actions de la Caisse dans l'intérêt de la Caisse, vous déclarez qu'il a volé les actions, qu'il les a détournées frauduleusement ! Comment des gens raisonnables, comment des esprits honnêtes et sensés peuvent-ils admettre ce principe délétère, que là où je prends des titres appartenant à la Société, où je les vends pour le compte de la Société, pour venir en aide à la Société, je commets un délit ?

Mais si, avant la restitution, au moment où toutes les actions étaient vendues, on avait traduit Mirès

en police correctionnelle, il aurait dit aux magistrats : Ce que j'ai fait, pourquoi l'ai-je fait? L'ai-je fait
avec une intention frauduleuse ? Voici l'état de situation de la Caisse au mois d'août : il fallait payer à cette
époque tant de millions au gouvernement espagnol ;
la Caisse manquait d'argent, à qui devais-je m'adresser?
à la Caisse. Qu'est-ce que c'était que la Caisse? c'étaient
évidemment ceux à qui appartenaient les actions de la
Caisse, les actionnaires de la Caisse. Il y avait là 21,000
actions appartenant à ces actionnaires ou au fond social ;
la faillite, la ruine, voilà ce qui les attendait si je ne payais
pas l'emprunt espagnol. Je me suis servi pour eux de
leurs titres à eux : je les ai vendus, j'ai fait servir le
prix de la vente, que je passai à mon compte courant,
à remplir les obligations de la Caisse, et vous voulez
me déclarer coupable d'abus de confiance, de détournement frauduleux de ces actions !

Qui donc aurait osé alors condamner Mirès, quoiqu'il
n'eût ni racheté ni réintégré les actions ?

Et quand il a racheté, quand il a réintégré, quand
depuis longtemps la Caisse, sauvée par cette vente, a
revu ses actions à 400 fr. et au delà, on crée pour
Mirès le délit de détournement frauduleux !

Et qu'on me permette une réflexion : Les actions déposées, si elles n'eussent pas été vendues, seraient
restées dans la Caisse, aucun actionnaire ne les ayant
réclamées, elles auraient simplement touché le coupon
semestriel, elles l'ont touché. Quel préjudice ont donc
subi les propriétaires? Aucun. Mais alors, que faites-

vous de la loi ? il faut que le détournement ait eu lieu au préjudice du propriétaire !

Supposez que j'eusse suivi complétement les termes du contrat, nous serions arrivés en 1861, les titres restant entiers dans la Caisse comme on les y a trouvés. Dans l'intervalle, ni la Société ni les propriétaires n'en auraient tiré aucun profit ; et, supposez qu'en les vendant, Mirès ait trouvé un bénéfice de deux millions, ces deux millions n'ont pas été réalisés au préjudice de la Caisse, au préjudice des propriétaires. Il n'a donc rien dissipé à leur préjudice.

Je ne veux pas insister davantage. Mais ces deux millions de bénéfice, qui donc a déclaré que je les avais faits ? C'est l'expert, et le Tribunal, refusant une expertise contradictoire, admet comme une vérité ce détestable mensonge. Ce que le Tribunal a refusé, je vous le demande instamment, c'est mon droit. Faites vérifier si j'ai gagné deux millions, moi je vous dis, moi je vous prouve que la vente et le rachat n'ont produit aucun bénéfice. Ou déclarez-le comme moi, ou donnez-moi le moyen de le prouver. Une expertise, une expertise ! N'allez pas dire, comme le Tribunal, que vous n'en avez pas besoin pour me déclarer escroc ! voleur ! c'est l'expert, l'expert tout seul qui affirme le bénéfice de 2,500,000 fr. sur les exécutions, de 2,500,000 fr. sur les ventes des Caisses. Bénéfice sur les exécutions, mensonge ! bénéfice sur les Caisses, mensonge ! Mais, je vous en conjure, au nom de mon honneur, une expertise nouvelle !

Enfin, toute l'affaire des Caisses se réduit à ceci : Mirès les a vendues en 1857 ; il les a réintégrées en 1859 et 1860, et il n'en est pas resté une dans ses mains ; toutes sont rentrées sans exception. Solar n'est pas sur ces bancs : je ne veux rien dire de lui ; mais on m'affirme que Solar a réintégré les siennes.

Tout est dit sur les exécutions, la vente et le rachat des actions. Encore quelques paroles cependant :

Admettez qu'il puisse y avoir un délit dans chacune des deux opérations.

Comme il n'y a pas de délit sans intention, comme c'est l'intention qui seule fait la culpabilité, c'est l'intention de Mirès qu'il faut surprendre coupable. Or, dans l'affaire des Caisses, l'intention de Mirès, son but, c'était le salut de l'association elle-même, et ce but, il l'a atteint. Le délit tombe. Dans l'affaire des exécutions, la manière même dont il a opéré prouve qu'il n'avait pas d'intention criminelle. En la suivant jusqu'au bout que trouve-t-on ? Les titres nominatifs n'ont pas été vendus ; les titres déposés avec des numéros n'ont pas été vendus. Il n'a vendu que les titres remis en compte courant. Qu'il se soit trompé sur son droit, à la bonne heure ; mais qu'une intention criminelle ait dicté cette mesure, on ne peut maintenant le penser.

Enfin, Messieurs, pour que tout soit bien connu sur ce chapitre, quel a été le résultat de ces exécutions ? le voici :

A l'époque de l'arrestation de Mirès, le montant des

titres dus aux clients était de....... 11,726,706 fr.

En titres disponibles dus aux clients,
la Caisse renfermait.............. 2,353,379

Il manquait donc en valeurs qu'il
fallait racheter 9,413,326

Les clients devaient à la Caisse ... 7,915,089

La Caisse ne devait donc en représentation des titres manquants que.. 1,498,237

Eh bien ! au jour de l'arrestation de Mirès, il y avait trois millions et plus dans la Caisse ! Donc pas de dommage possible, pas de préjudice possible. On pouvait facilement racheter les titres manquants, et nul n'aurait souffert. Et pourtant c'est sur ce fait que le jugement établit l'effroyable accusation d'escroquerie !

Tout est dit, ce me semble, sur les deux points capitaux du procès.

Parcourons les autres rapidement.

Détournement de certaines actions de diverses natures.

Le Tribunal a déclaré que ce délit avait été constaté à l'égard des obligations remises par Mlle Granjean, Mme Delaloge et Mme veuve Bertrand.

Un seul mot sur ces trois personnes.

Mlle Granjean avait à la caisse 150 obligations des Ports de Marseille ; Mme Delaloge en avait 15 et Mme veuve Bertrand en avait 34 ; en tout 199. Eh bien! quand Mirès a été arrêté, il y avait dans la Caisse 383 obligations des ports de Marseille, pour faire face à 199! Où donc est le détournement frauduleux, l'abus de confiance? Ajoutons que depuis, Mmes Grandjean, Delaloge et Bertrand ont été parfaitement désintéressées; elles ont déclaré qu'elles étaient satisfaites. Que voulez-vous de plus? Attendez : tous leurs titres réunis formaient une somme de trente mille francs, au milieu de tous ces millions! Supposez qu'on ne les eût pas trouvés, est-ce que l'on pouvait en faire à Mirès un reproche légitime, tirer de là une prévention sérieuse?

A ce sujet je vous rappellerai Mlle Andry. On prétendait que ses titres avaient disparu, on les avait compris parmi les titres détournés; en bien cherchant, on les a retrouvés ; elle les a reçus.

Je n'insiste pas davantage.

Nous sommes au délit de détournement de certaines obligations ou du prix de certaines obligations du chemin de fer de Pampelune à Saragosse. Reprenons une dernière fois les expressions même du jugement.

« Attendu que le nombre des obligations du chemin de fer de Pampelune à Saragosse a été fixé à 50,000; que, par une délibération de l'assemblée générale des actionnaires, le nombre de ces obligations a été porté à 52,000, au cours d'émission de 250 fr.; que, cependant, la souscription s'étant élevée à 56,312 obligations, les gérants, dans le but avoué et condamnable de soutenir artificiellement les cours... (c'est là le délit!) au lieu de restituer le montant du versement aux souscripteurs pour lesquels il n'y avait plus d'obligations, ou de leur déclarer qu'il n'y avait plus d'obligations, leur ont remis, en échange de leurs titres provisoires et au moment où ceux-ci faisaient leur dernier versement, des certificats nominatifs, etc. »

Ainsi quel est le délit, quel est le but ?... car il n'y a pas délit sans but. Le délit, c'est le but avoué de soutenir artificiellement les cours. Voulez-vous me dire où cela est puni, me citer un article de loi qui prévoie ce fait ? Le tribunal n'en voit pas; mais voici comment il tourne la question pour composer le délit :

« Attendu qu'en leur donnant des certificats nominatifs qui n'étaient eux-mêmes que des titres provisoires, et qui, au lieu d'engager la Société n'engageaient que les gérants, Mirès et Solar ont détourné et dissipé, au préjudice d'un certain nombre de souscripteurs, des deniers qui ne leur avaient été remis qu'à titre de mandat, à la charge d'en faire emploi et de les représenter. »

Avant tout, rendons-nous bien compte du fait et de ses résultats.

Il est vrai qu'on a émis 4,000 promesses d'obligations de plus qu'on n'en avait annoncé. Mais, à l'exception des neuf individus dont on parle dans le jugement, et qui représentaient entre eux 120 obligations, soit 30,000 fr. d'obligations, tous les souscripteurs ont reçu leurs obligations; personne ne s'est plaint; personne n'a réclamé. Quel était l'objet de cette émission de 4,000 obligations en plus?

Je le rappelle. L'annonce d'une souscription est faite; si la souscription dépasse de beaucoup le nombre des obligations que l'on peut délivrer, on fait une réduction proportionnelle. Quand le nombre demandé n'est guère plus considérable que le nombre annoncé, la répartition devient plus difficile. Toutes les souscriptions ne se réalisent pas; beaucoup de souscripteurs demandent un grand nombre de titres pour avoir une moindre quantité ; d'autres se hâtent de revendre et peuvent ainsi affaiblir le marché au moment même de la répartition.

C'est ce qui s'est passé dans l'affaire de Pampelune. Pour éviter ce double inconvénient, Mirès a racheté avec une légère prime les obligations qu'on avait jetées sur le marché ; muni de ces obligations, il faisait face à toutes les demandes, résultant des 4,000 obligations émises en plus. Les 56,000 obligations, sauf 120, étaient distribuées avant l'arrestation de Mirès ; je n'ai pas besoin, ce me semble, de dire qu'il n'a retiré aucun profit. Le rachat a coûté une perte de 30,000 fr. à la Caisse. La Caisse a profité du bénéfice que lui donnait la différence du prix qu'elle payait à la Compagnie.

Comment donc Mirès a-t-il détourné ou dissipé au préjudice de quelqu'un des deniers remis à charge d'en faire emploi ? Quel était le mandat donné ? De procurer des obligations ? Mirès en a donné à tous ceux qui avaient reçu des promesses d'obligations, à tous, excepté aux neuf individus désignés au jugement. Mais quand ces souscripteurs se sont présentés, Mirès était prisonnier, il ne pouvait pas livrer les titres lui-même !

Les individus que le jugement signale ont-ils, du moins, perdu les obligations ou l'argent qui les représentait ? Le jugement reproche à Mirès de ne pas leur

avoir rendu leur argent! Comment! mais il y avait plus
de 3 millions dans la caisse, quand ils se sont présentés.
On leur a donné leur argent et l'intérêt de leur argent,
ils ont été complétement désintéressés, ils l'ont déclaré à l'audience. Et si Mirès eût été présent quand
ils ont réclamé, comme il avait donné des obligations
à tous les autres, comme sur les 56,000 obligations il
n'y en avait plus que pour 30,000 fr. à livrer, il est
évident qu'il leur aurait donné leurs obligations. Et, en
présence de 56,000 obligations émises, fait que vous
ne lui reprochez pas comme délit, vous lui imputez
à délit d'avoir détourné des deniers qu'il avait reçus
pour une destination convenue... Quand vous faites
ruisseler des millions, vous le constituez en délit pour
30,000 fr., qui ont d'ailleurs été remboursés!

C'est ici, Messieurs, que je vous avais dit : Il n'y a
pas d'affaire nouvelle émise à la Bourse qui ne présente
quelque irrégularité, et pas d'opération de ce genre,
quelle qu'elle soit, qui soit absolument dénuée de tout
reproche. Eh bien! prenez cet *agissement*, comme on l'a
appelé, de la banque Mirès, tel que vous le connaissez,
n'est-ce pas ce qu'il y a de plus innocent et de plus
simple? Il ne s'agissait que d'empêcher des souscripteurs spéculateurs d'écraser le marché en y jetant tout
à tout un grand nombre de ces obligations de Pampelune à Saragosse ; on maintenait les cours sans fraude,
puisque tous les porteurs de promesses ont reçu les
obligations qu'ils avaient souscrites. Ce délit encore
manque de base.

Il ne me reste plus à examiner que les distributions de dividendes sur inventaires frauduleux.

Hâtons-nous d'en finir.

Avant tout, permettez-moi de vous rappeler une observation décisive, qui s'applique aux exercices 57, 58 et 59 ; cette observation la voici :

Le Tribunal a frappé Mirès pour ce double fait : 1° il a vendu 21,000 titres qu'il n'avait pas le droit de vendre ; 2° afin de les racheter à vil prix, il a pesé sur les cours, et, par là, gagné 2 millions au moins.

C'est en 1857 et 1858 que Mirès a fait les ventes ; c'est en 1859 et en 1860 qu'il a fait les rachats. Il a donc voulu, pendant ces quatre années, écraser les cours pour racheter.

Je ne veux pas vous faire remarquer l'absurdité désespérante d'un gérant qui fait baisser le cours de ses actions, c'est-à-dire qui diminue son capital, c'est-à-dire qui s'étudie à se ruiner ! Laissons. On l'accuse d'avoir fait baisser son capital, afin de pouvoir, les actions étant à bas prix, les racheter à vil prix et gagner 2 millions.

Eh bien ! voilà ce gérant qui, en 1857, aux mois de septembre, octobre, novembre et décembre, a fait ses ventes, et s'est par là mis à la baisse, le voilà qui s'amuse à distribuer des dividendes, non pas seulement des dividendes, mais des dividendes qui ne sont pas acquis. Il relève les prix de ses actions ! Il fait la hausse quand il a intérêt à la baisse ! C'est vraiment curieux !

14

En 1858, il vend encore ; il veut encore avilir les prix, cet avilissement lui permettra de racheter dans les bas cours ; il recommence la même absurdité : il distribue des dividendes et des dividendes non acquis. Est-ce croyable ?

Mais la distribution de dividendes, c'est la preuve que l'opération est en bonne voie. Si l'opération est en bonne voie, les actions ne baisseront pas. Ce que je dis là frapperait un enfant.

La contradiction est trop évidente ; la trouver si flagrante dans un jugement, c'est à désespérer ; car enfin, ou la prévention qui impute à Mirès d'avoir gagné 2 millions en faisant la baisse est dans le faux, ou la distribution de dividendes non acquis est inacceptable ; choisissez : mais les deux délits ensemble, comment les conciliez-vous ?

Attendez, ceci est plus extraordinaire encore : Mirès veut racheter à vil prix. Eh bien ! en mai, en juin et juillet 1859, à la suite des actes dirigés contre la Bourse, et dont j'ai parlé à une première audience, les actions de la Caisse tombèrent pendant trois mois à 170, 160, 150 fr. Mirès avait vendu en moyenne à 372 fr. Racheter à 150 fr., l'occasion était magnifique ! Il s'en garde bien ; il ne rachète pas une action, quand il pouvait les avoir au prix le plus vil !

Poursuivons ; nous arrivons en décembre 1859 ; c'est alors que Mirès rachète. Quoi donc ? Lui qui doit racheter à vil prix, lui qui n'a pas profité de l'occasion en juin et dans les deux mois suivants, il veut racheter et il va distribuer un dividende ! Un dividende *non acquis !* Il va, par cette distribution, maintenir les prix, les relever ! En vérité, c'est par trop insensé !

Si je veux racheter à vil prix, le moyen le plus simple c'est de ne pas distribuer de dividende !

Les actions vont tomber immédiatement de 50., de 60 fr.; non, non ! je distribue des dividendes, et je les distribue lorsqu'ils ne sont pas acquis ! Je les distribue frauduleusement ! Mais c'est donc contre moi, contre moi seul que j'ai accompli cette fraude !

Il fallait cette affaire pour voir un tel miracle !

Avez-vous jamais rien vu de semblable dans d'autres circonstances quelconques de votre vie de magistrats ? Est-il possible d'admettre les deux choses ensemble ? Si j'ai le malheur que vous me frappiez pour le rachat de mes actions à vil prix, il faut que vous déclariez en même temps que je suis innocent du délit de distribution de dividendes frauduleux. Les deux délits ne peuvent pas vivre ensemble, l'un étouffe l'autre.

Ces préliminaires établis, examinons les quatre inventaires.

D'abord l'inventaire de 1857. A l'actif de l'inventaire Mirès a porté 4,850,000 fr. pour la moitié de la commission dans les Chemins de fer romains. Je vais encore en dire un mot ; mais, franchement, c'est à mon corps défendant. Est-il possible que l'on me conteste l'évidence ?

Le gouvernement romain a donné la concession des chemins de fer à une compagnie. Cette concession, Mirès l'achète de la Compagnie au prix de 175 millions, sur laquelle il obtient 35 millions de commission, sous diverses conditions qu'il a remplies. Quel jour la commission est-elle acquise ? Voilà tout le procès.

Mirès ne peut l'avoir acquise, dit-on, que quand il aura placé les actions, et il ne les avait pas placées en 1857. Mais qui doit lui donner la commission ? C'est la Compagnie concessionnaire des Chemins de fer romains, de qui il les a achetés. Pourquoi doit-elle lui donner une commission ? Parce qu'il aura placé les actions ? Mais pour la Compagnie, toutes les actions sont placées le jour où Mirès lui achète ferme son capital. Mirès dit à la Compagnie : Je vous achète votre capital de 175 millions. Voilà mon obligation de vous en payer le prix. Tout est fini, la Compagnie qui vend à Mirès n'a plus à s'occuper des titres, puisque Mirès les lui a payés.

Les actions ne sont pas placées ! Mais, si Mirès les place, ce n'est pas pour le compte de la Compagnie, qui, nantie de ses 175 millions, n'a plus rien à voir dans l'affaire. Mirès, désormais propriétaire pour la Caisse générale, ayant payé la Compagnie qui lui a vendu, Mirès placera pour lui-même, s'il veut, ou gardera les actions, si cela lui convient ; mais la commission lui est acquise, le jour où il a consommé l'achat. C'est comme si Mirès disait : Voilà telle Compagnie que je vous présente et qui vous prend toutes vos actions, elle va vous les payer 175 millions ; à votre tour, payez-moi ma commission. Est-ce que ce n'est pas ce que fait Mirès quand il achète pour lui-même les

Chemins de fer romains, quand il a acheté et payé, car payer ou devoir, c'est une seule et même chose, quand on est *integri status* ? Mirès a payé d'ailleurs ses échéances avant son arrestation. Contester ce fait, que sa commission était acquise, c'est, je le répète, contester l'évidence.

Mais savez-vous pourquoi on me le conteste ? c'est parce que l'expert, dans ce malheureux travail, contre lequel je ne puis pas assez m'élever, a trouvé le moyen d'incriminer le dividende; c'est parce que l'expert, qui a arrangé dans sa tête de faire regarder toutes les opérations comme moralement détestables, dit qu'au lieu de gagner de l'argent, dans l'entreprise des Chemins de fer romains, Mirès en a perdu.

Cela n'est pas vrai. Et quand cela serait vrai, est-ce qu'on m'a donné une commission pour l'argent à gagner ou à perdre ? On m'a donné, dites-vous, une commission pour les actions à placer, c'est-à-dire pour le versement du prix des actions. Les actions ont été placées, puisque j'avais acheté et payé. Par le placement que j'ai fait de ses actions en les achetant moi-même, la Compagnie a obtenu 175 millions. Et vous ne voulez pas qu'elle me doive, pour les 175 millions que je lui ai donnés de ma caisse, la commission qu'elle me devrait, si je lui avais donné 175 millions provenant du placement de ses actions achetées par un autre que par moi! Mais est-ce qu'il lui reste une action à cette Compagnie? Que lui importe que je perde ou que je gagne, pourvu que tout soit placé et qu'elle soit payée?

14.

Mirès n'a rien perdu qui puisse influer sur cette commission. Il y avait à émettre 170,000 actions, il les a émises; il en avait placé 74,000, dont 59,000, qu'il a rachetées, et il a payé 2 millions de primes. Qu'est-ce que cela veut dire? Mirès avait acheté les chemins de fer. S'il était obligé de racheter les actions, c'est qu'il les avait placées après son acquisition, et ce placement avait été fait, non pour le compte de la Compagnie des Chemins de fer romains, à qui Mirès avait payé ou s'était obligé à payer son prix, mais pour le compte de la Caisse générale des chemins de fer. Et parce que Mirès aurait donné 2 millions de prime pour racheter les actions placées, cette perte diminuerait la commission! C'est de l'absurdité. Quand Mirès aurait perdu 2 millions plus tard, il n'en aurait pas moins gagné la commission en 1857.

Comment! On m'a donné 300,000 francs de traites sur une grande maison de banque d'une très-belle réputation; pour les négocier, on m'a payé ma commission. Plus tard, survient la faillite de cette maison. Ces traites n'auront pas été payées : on dira que j'ai perdu ma commission; on m'en demandera la restitution !

L'expert va trouver une autre perte. Mirès a vendu 100,000 actions à M. Salamanca à 300 fr., et, par conséquent, il a fait une perte de 100 francs par action, qu'il faut retrancher de la commission.

D'abord, le fait n'est pas vrai. Mirès avait vendu, le 16 août 1859, ces mêmes actions 400 fr.; le traité est dans les pièces: par conséquent il ne perdait rien. Mais quand la catastrophe est survenue, quand la prison s'est fermée sur lui, le traité avec Salamanca s'est évanoui ; il a fallu céder les actions à 300 fr. au lieu de 400 ; par suite, la Caisse a fait une perte de 8 millions.

Cette perte de 8 millions, l'expert la met en regard de la commission, et le résultat de tout ce travail, c'est qu'au lieu de gagner 8,750,000 francs, Mirès a perdu 6 millions. Mais quoi ? ces pertes ont eu lieu en 1858, 1859, en 1860, en 1861, et c'est en 1856 et en 1857 que Mirès a acquis les 8 millions de commission ! Les pertes de 1858, 1859, 1860 et 1861, ont donc un effet rétroactif sur l'inventaire de 1857 !

Et cependant les pertes de ces trois années, portées sur les livres, ont réduit d'autant dans les inventaires les bénéfices de chaque année !

Et les pertes de 1861, c'est l'arrestation de Mirès, c'est la poursuite qui les a causées !

Et tout cela, Messieurs, je le dis pour réfuter le jugement, sans que cette réfutation soit nécessaire. Voilà mon contrat, la commission de 35 millions m'est accordée sur le prix, sur les 175 millions.

Je ne parle pas de 572,000 fr. omis, dit-on, au passif. Si les 8,750,000 fr. existent, comme la distribution n'a été que de 3,600,000 fr., l'omission est sans intérêt au procès.

Arrive 1858. Ici l'on accuse Mirès d'avoir omis 3,953,000 fr. de pertes sur les rentes françaises. Oui,

il y avait bien 3,953,000 fr. de pertes sur la rente française ; mais pour savoir quelle était la perte définitive pour la Compagnie, il fallait prendre toute l'opération que j'ai fait connaître à la Cour, et qui ne
s'élève pas à moins qu'à la représentation apparente
de 32 millions de capitaux.

Vous savez que l'expert n'a pas voulu consulter les
comptes de valeurs diverses.

Il va plus loin, il déclare, et le ministère public avec
lui, que Mirès n'a pas le droit de se livrer à des opérations de bourse, puisque les statuts lui interdisaient
de faire des achats à primes. Quelle que soit notre
ignorance des affaires de bourse, tout le monde sait
que l'achat à primes n'est qu'un infiniment petit dans
le mécanisme de la spéculation. Interdire l'achat des
primes, c'est autoriser toutes les autres opérations.
Mais que répondre à l'expert quand il a le courage de
dire que Mirès a touché jusqu'à 80 millions et qu'il les
a employés en opérations de bourse ?

Oh ! Messieurs, il n'y aurait que ce mot-là dans l'expertise qu'il faudrait la renverser. Que je vous dise une
dernière parole sur ce milliard cinq cent millions
qu'on a tant fait miroiter à l'audience du Tribunal et à
la vôtre. 1,500 millions ! c'est effroyable ! Oui, mais
qu'est-ce que ce chiffre représente ?

Tenez : un individu, dans une position de fortune
très-ordinaire, vient à la Bourse jouer à la baisse sur
10,000 fr. de rentes, qui représentent un capital fictif
de 200,000 fr. Il remet à un agent de change 5,000 fr.

de couverture ; la rente monte, il se fait reporter à la fin de chaque mois, c'est-à-dire que chaque mois, au lieu de racheter sa rente, il reste vendeur : savez-vous sur quel capital il aura opéré dans un an? Il aura opéré sur deux millions quatre cent mille francs!

Ainsi en est-il des 1,522 millions de Mirès ! On fait une opération sur 300,000 fr. de rentes ; on la renouvelle, on l'augmente ou on la diminue de mois en mois, et, tout cela se multipliant pendant quatre ans, on arrive à 1,522 millions. Mais la perte réelle, la plus considérable, l'enjeu de spéculation, c'est quelques centaines de mille francs par année , que d'autres gains balancent ou diminuent.

Et l'expert de dire que je puisais à pleines mains dans la Caisse pour en faire servir les fonds à des opérations de bourse. Mais c'est de la niaiserie ! Ces opérations se font avec le crédit, et non pas avec l'argent ; elles se soldent avec des différences, non avec le capital mis en jeu. Ces erreurs ou ces ignorances de l'expert sont déplorables.

Veut-on parler de 1859 et de 1860 ? A chacune de ces deux époques, Mirès a réuni des assemblées générales.

Nous avons mis sous les yeux de la Cour les noms de tous les actionnaires de ces deux réunions, et nous défions que l'on en cite un seul qui soit le parent, l'employé, le dévoué de Mirès : ce sont les deux cents plus forts actionnaires. Mirès leur a donné le détail de la situation et leur a dit : « C'est vous qui me guiderez dans la confection de l'inventaire. Dois-je vous distribuer les intérêts? Voilà l'avis de nos conseils ; ils craignent qu'on ne veuille les considérer comme dividende. Il faut donc, avant tout, fixer les bases de notre inventaire. Comment les établirons-nous? »

Les bases sont arrêtées, l'inventaire est dressé ; les actionnaires sont réunis à la fin de l'exercice. L'assemblée générale, qui avait déterminé le mode d'inventaire, en entend la lecture et l'approuve. Mirès renouvelle en 1860 cette conduite : l'inventaire de 1860 se fait encore dans le cadre tracé par l'assemblée générale. Le Tribunal les déclare l'un et l'autre frauduleux! Mais les reproches qu'on adresse aux deux inventaires seraient fondés que la fraude disparaîtrait devant les deux délibérations de l'assemblée générale.

Enfin, quels reproches nous adresse-t-on? où est la fraude?

A l'actif de 1859 figurent 9,151,750 francs (comme profit pour la Caisse) sur le chemin de Pampelune à Saragosse. Ce profit n'existe pas. La prétendue vente est une fiction, l'asssemblée générale à Madrid un jeu ; ce n'est pas un délit, mais c'est une fraude.

Comment Mirès peut-il répondre?

J'ai acheté, dit-il, au prix de 145,000 fr. le kilomètre, la concession du chemin de fer obtenue par M. Salamanca. Puis, de concert avec moi, il l'a revendue à une Société anonyme espagnole au prix de 200,000 fr. le kilomètre. La Société anonyme est-elle constituée? Voici l'ordonnance du gouvernement espagnol qui l'a consacrée. On dit qu'il y a là une fraude. Comment? Mais cette Société existe de notoriété publique, mais elle s'est réunie en assemblée générale. On dit : C'était une assemblée générale supposée! Comment, à Madrid, Mirès suppose une assemblée! En vérité, la réfutation serait une injure.

Il a donc bien gagné la différence entre 145 et 200.

Il lui revenait 9,151,750 fr., il les a distribués aux actionnaires. Comment pourrait-on voir là le dividende non acquis, distribué sur un inventaire frauduleux!

On ajoute : La souscription aux actions ne s'est ouverte qu'au mois de mars suivant. Mais ce n'est pas la souscription aux actions, ce n'est pas la souscription aux obligations qui amène le bénéfice, c'est la cession à la Société anonyme. Et vous savez, Messieurs, que cette Société a fini le chemin de fer, que, le 1er septembre, il doit être inauguré.

Je n'ai pas à m'occuper des 1,600,000 fr. omis au passif : le dividende n'a été que de 2,500,000 fr., sur 9,000,000 de bénéfice. L'omission de 1,600,000 fr. ne changerait rien à la légitimité du dividende distribué.

Nous voici enfin à 1860. L'inventaire se balance par 4 millions de bénéfice.

Le jugement qui condamne le dividende de 1860, comme fondé sur un bilan frauduleux, ne précise rien et reste dans un vague complet; mais c'est l'expert qui condamne, reproduisons ce qu'il ose écrire :

« Au lieu de 4 millions de bénéfices que présente l'inventaire
« du 31 décembre, il faut prendre la balance au 19 février; elle
« se solde par une perte de 1,600,000 francs. »

Pour bien comprendre tout ce que ce paragraphe a
d'odieux, il vous suffira de connaître les éléments de
cette perte de 1,600,000 fr.

Veuillez jeter les yeux sur ce tableau que je vous
transmets et que je vais vous expliquer :

Voici le bilan de 1860 :

L'actif se compose ainsi :

Excédant de l'actif......................	4,470,720 04
Fonds de réserve.............	490,978 69
	4,961,698 73
Solde de comptes divers..................	144,304 30
	5,106,003 03

Ce bilan a été l'objet de deux rectifications. Voici la
première; elle porte sur trois chiffres :

1er chiffre :

Intérêts pour l'année 1860.................	2,500,000 »

Vous remarquez, Messieurs, que ce tableau approuve
le payement des intérêts pour 1860 ; vous remarquez
encore que, sur les 4 millions de bénéfices, on prélève
2,500,000 francs payés en intérêts, ce qui ne modifie
pas l'inventaire, mais au contraire le confirme.

2e chiffre :

19 février 1861. — Réduction de bénéfice dans
l'affaire de Pampelune .... 990,000 »

3e chiffre :

Solde de courtage, frais généraux, dépenses
d'immeubles .... 185,334 »
Excédant d'actif .... 1,430,668 »

Au 19 février, cette première partie de l'état formant les 5,106,003 fr. 03 c. laisse encore un excédant
de 1,430,000 francs, et les intérêts, 2,500,000 francs,
sont payés.

Vous voyez pourtant que cette première vérification
a déduit 990,000 fr. perdus sur l'affaire de Pampelune.

Mais c'est qu'il fallait subvenir aux payements : depuis
la descente judiciaire, Mirès avait perdu tout crédit ;
la Banque refusait sa signature. Il perdit 990,000 fr.
le 19 février, le jour de son arrestation. Comment
cette perte peut-elle rétroagir sur l'inventaire du
31 décembre ? Mirès, au 31 décembre, pouvait-il
dresser son bilan, en prévision de la catastrophe du
19 février ?

Néanmoins, l'inventaire du 31 décembre 1860 était
si loin d'être frauduleux que, même avec cette perte,
même avec l'addition au passif de frais généraux, il
atteignait encore le chiffre de 4 millions.

Dividende payé.................. 2,500,000 fr.
Excédant d'actif................. 1,430,000
                                 _____
                                 3,930,000

15

Mais voici une seconde rectification au tableau :

Réduction de bénéfices sur l'emprunt ottoman .	1,105,570 60
Perte de 100 fr. sur 18,000 Pampelune remis à Salamanca....................................	1,800,000 »
Perte de 50 fr. sur 2.598 Pampelune remis à G. Court....................................	129,900 »
	3,035,470 60

Alors la balance s'établit ainsi :

Solde de l'excédant d'actif..................	1,430,668 56
Déficit....................................	1,604,802 04
Somme égale.............	3,035,470 60

C'est-à-dire qu'il manque 1,604,000 fr., non pas pour payer au 31 décembre les 2,500,000 fr. de dividende, mais pour payer, au 19 février, *la transaction sur l'emprunt ottoman et la transaction sur les affaires de Pampelune,* toutes deux consenties par les liquidateurs, après l'arrestation de Mirès !

Ah ! l'indignation est au cœur devant un travail ainsi fait ! Et c'est ainsi cependant qu'on est parvenu à découvrir que Mirès avait distribué de faux dividendes en 1860 !

Messieurs, vous connaissez tout, et je crois n'avoir laissé rien de sérieux sans le combattre.

Le prodige dans cette affaire, le voici : les actionnaires sont avec Mirès ; je ne sais pourquoi le minis-

tère public le nie : les lettres qu'il reçoit, ce sont les
exécutés qui les lui écrivent. Mais à cette masse d'actionnaires qui demandent que je défende Mirès, j'en
ajouterais bien d'autres : c'est M. Fabert Gremaut,
ancien sous-préfet, porteur de vingt-cinq actions, qui
lui ont coûté 9,011 fr., toutes ses épargnes. C'est un
vieux prêtre, en retraite, M. Malfoy, qui me dit avoir
écrit à M. le procureur impérial. C'est M. le baron Le-
blanc, qui dit avoir fait plusieurs fois des dépôts de
titres numérotés sur avances et les avoir toujours retrouvés. C'est M. Arvisit Brayer, actionnaire aussi, qui
se joint à ses coassociés pour soutenir le gérant. Citez-
moi donc les actionnaires qui se plaignent. La Caisse
générale est ruinée, les actionnaires entourent Mirès
et le protégent. C'est qu'ils savent qu'il n'a pas dévié
de la route de l'honneur, de la probité.

Et lui, Messieurs, lui, parmi tant de désastres, de
quoi est-il touché? De son honneur broyé sous les
coups du jugement.

Cet homme dont vous avez le sort entre les mains,
que demande-t-il? Ce n'est pas que vous déclariez que
sur tel ou tel fait de la cause la loi ne l'atteint pas;
non, non, il demande que toute sa vie financière soit
examinée, que tous ses actes passent sous vos yeux,
après qu'ils auront été contradictoirement scrutés par
des experts que votre autorité désignera, et qui vous
rendront compte de leur mission. Ne lui refusez pas,
Messieurs, cette légitime satisfaction. L'expert lui reproche d'avoir retiré des exécutions 2,500,000 fr.

de bénéfice pour la Caisse, le Tribunal adopte cette opinion ; l'expert l'accuse d'avoir réalisé pour lui et pour Solar, dans la vente et le rachat des Caisses, un profit de 2,500,000 francs, le Tribunal dit de plus de 2 millions; c'est faux, tout cela est faux, et son honneur se récrie. Comment prononcerez-vous sans être éclairés? Mirès vous implore, au nom de cet honneur qu'il veut sauver avant tout.

Votre devoir, nous savons comment vous le remplirez. Cette affaire a fait un bruit immense, ce bruit expire à vos pieds. On a beaucoup parlé hors de cette enceinte ; mais ici il n'y a que deux voix qui puissent se faire entendre : celle de l'accusation, dévoilant elle-même tout ce qui établit à ses yeux la culpabilité du prévenu ; et celle de l'avocat, qui vient le défendre, et qui, sans autres limites que celles que lui tracent son culte de la loi et son respect des magistrats, appelle à son aide tout ce qui peut attester l'innocence. Quant à la justice, elle ne sait pas faire de distinction de personnes ; elle frappe là où elle voit le délit; elle proclame l'innocence quand elle apparaît à ses yeux.

L'infortuné qui est là, sur ce banc, attendant votre arrêt, s'est trouvé au milieu du courant.

Il pense avoir dirigé loyalement les intérêts qu'il devait protéger. Comment en douterait-il, quand pas une plainte ne s'élève contre lui? Il ne s'étonne cependant pas de l'erreur dont il a été victime ; mais il croit à la réparation devant la justice, il l'attend avec confiance, il est plein d'espoir.

Messieurs, disons-le hautement : à la Bourse, dans les affaires, dans le monde, partout, la morale est la même ; il ne peut pas y en avoir deux. La loi et l'honnêteté, voilà les seules règles. Il peut arriver que des faits malhonnêtes ne soient pas punis par la loi, mais la morale et la loi se touchent de si près que, rarement, l'improbité n'est pas poursuivie. Elle peut échapper à la poursuite, elle n'échappe pas à la flétrissure. Que cette certitude arrête au bord du précipice tous ceux qui seraient tentés de violer cette double barrière : l'honnêteté, la loi ! Eh bien ! Messieurs, puissé-je vous avoir démontré ce que je sens, ce que je crois ! Celui dont je termine la défense n'a pas violé la loi, il n'a pas non plus volontairement violé l'honnêteté. Placé dans une situation exceptionnelle, chargé d'intérêts immenses, exposé à des dangers suprêmes, il a pu se tromper sur l'étendue de ses droits, il n'a pas eu la pensée d'enfreindre les lois de l'honneur, de violer les prescriptions de la loi morale.

Vous allez, Messieurs, prononcer sur son sort ; sa destinée tout entière est entre vos mains. Votre pouvoir est immense. Pouvoir d'absolution : n'est-ce pas pour la justice humaine un grand bonheur de proclamer l'innocence qui rend un prévenu à la famille, à tout ce qu'il a perdu ? Pouvoir de miséricorde : ah ! si Mirès avait failli, lui qui proteste avec tant d'énergie de sa bonne foi qu'il établit avec tant d'éclat, vous pèseriez dans votre balance tout ce qui l'excuse, vous comprendriez des entraînements irrésistibles, vous placeriez la mansuétude à côté de la loi ; et, si la justice ne pouvait pas dire droit à la défense, la miséricorde, son inséparable compagne, dirait droit à la prière.

M. Mirès se lève, un papier à la main.

Me CRÉMIEUX. — Non, Mirès, plus rien.

M. Mirès se rassied.

M. LE PRÉSIDENT. — La Cour se retire dans la chambre du conseil pour délibérer.

Il est une heure.

A cinq heures et demie, la Cour a rendu l'arrêt suivant :

« La Cour, statuant sur les appels interjetés par Mirès et le comte Siméon du jugement rendu contre eux le 11 juillet dernier par le tribunal correctionnel de la Seine (6e chambre), ensemble les conclusions prises au nom de Mirès par la Cour et y faisant droit :

« A l'égard de Mirès, en ce qui touche la partie desdites conclusions tendantes à ce qu'avant faire droit une nouvelle expertise soit ordonnée ;

« Considérant que la Cour est suffisamment éclairée par l'instruction, les documents produits et les débats ;

« Qu'ainsi la mesure demandée serait superflue,

« Dit n'y avoir lieu de l'ordonner.

« Au fond, en ce qui touche le chef de prévention relatif aux tentatives d'escroquerie qui auraient été commises à l'égard des divers déposants, et notamment de Dreyfus, de Beauvais, de Lefort, de Thierry :

« Considérant que les faits résultant de l'instruction et débats

sur ce point ne présentent pas suffisamment les caractères cons-
titutifs de ce délit;

« En ce qui touche le chef de prévention ayant pour objet le
détournement des 21,247 actions de la Caisse générale des chemins de fer :

« Considérant que, quelque abusif et blâmable qu'ait été le
détournement accompli en majeure partie par Mirès desdites actions, le rétablissement qu'il en a opéré dans la Caisse des titres,
avant toute réclamation des parties intéressées et toute poursuite du ministère public, empêche de reconnaître dans ce détournement les caractères légaux du délit d'abus de confiance,

« Met l'appellation et le jugement dont est appel au néant en
ce qui touche les deux chefs de prévention ci-dessus spécifiés;

« Emendant quant à ce, renvoie Mirès de la prévention sur
ces deux chefs;

« Sur le surplus, adoptant les motifs des premiers juges, qui
répondent suffisamment aux conclusions, au fond, prises par
Mirès devant la Cour;

« Considérant que le nombre des délits dont Mirès s'est rendu
coupable, leur nature, leur durée, l'énormité du préjudice causé,
le scandale qui en est résulté, ne permettent pas de diminuer la
peine prononcée par les premiers juges;

« Met l'appellation au néant;

« Ordonne que ce dont est appel sortira son plein et entier
effet;

« A l'égard du comte Siméon :

« Adoptant les motifs des premiers juges,

« Met l'appellation au néant;

« Ordonne que ce dont est appel sortira son plein et entier
effet;

« Condamne Mirès et le comte Siméon tous deux solidaire-
ment aux frais sur leurs appels. »

Conclusions, en ce qui touche la demande en nouvelle expertise, pour Jules Mirès, appelant, contre M. le Procureur impérial, intimé.

Elles tendent à ce qu'il plaise à la Cour :

« Attendu que la prévention sur les points principaux du débat s'appuie sur une expertise dont les éléments ne peuvent donner aucune certitude et dont les résultats accusent les erreurs les plus graves ;

« Que le rapport déclare que, dans les opérations des 30 avril, 2 et 3 mai 1859, désignées sous le nom d'*exécutions*, Mirès a fait un bénéfice de............................ 521,257 fr.
et la Caisse de............................ 2,007,993

Ensemble............ 2,529,250 fr.

« Que le rapport déclare encore que, sur l'opération de vente

15.

et de rachat des actions de la Caisse, les gérants ont fait un bénéfice personnel de 2,553,735 fr., chiffre que le Tribunal déclare de deux millions au moins;

« Attendu que les exécutions n'ont laissé aucun bénéfice, que l'opération de vente et de rachat des actions de la Caisse a laissé une perte;

« Que la cause de ces deux erreurs si importantes provient d'une négligence facile à reconnaître, et qui amène tout à la fois une confusion déplorable dans les résultats généraux de l'expertise et dans les faits individuels, que l'expert donne comme preuves de ses calculs.

En ce qui concerne les résultats généraux :

• Attendu que l'expert, dans son rapport, page 206, après avoir reconnu qu'il existe sur les livres de la Société deux comptes, l'un relatif aux rentes françaises, l'autre relatif aux valeurs diverses, qui forment un ensemble et se rattachent entre eux, ajoute qu'il eût été trop long de subdiviser le compte des valeurs, c'est-à-dire de le dépouiller complétement, article par article, valeur par valeur, par achats et ventes; que, pour ce motif, l'expert l'a complétement écarté de son travail et s'en est tenu purement et simplement au compte *rentes françaises* qu'il déclare avoir relevé à part;

« Attendu que précisément le compte *application valeurs diverses*, formant une dépendance du compte rentes françaises, contient toutes les ventes comme tous les achats de valeurs en dehors de la rente, et par son économie, combinée avec le résultat du compte rentes françaises, permet seul d'apprécier le résultat général et de fixer les époques où les ventes et les achats ont été effectués;

« Attendu que, en dehors des comptes ci-dessus indiqués, il n'existe, dans la comptabilité générale de la Caisse des chemins de fer, aucun autre élément d'appréciation, et que, l'expert ayant écarté ce moyen de vérifier, le seul certain, et de plus le seul légal, puisque seul il a pour base les livres légaux, l'expertise est nécessairement entachée d'un vice qui la frappe de nullité;

« Attendu que, non-seulement le rapport n'a pas consulté les livres légaux, mais qu'il a puisé tous ses renseignements dans un livre auxiliaire, appelé *Livre d'entrée et de sortie des titres*, livre d'administration intérieure, sans aucun rapport avec les ventes ou les livraisons faites pour le compte de la Société; que cependant, fondant son opinion et ses calculs sur ce registre, et recherchant dans cet unique document la preuve des remises des titres par les clients de la Caisse, il y a également trouvé la preuve des ventes de ces mêmes titres, regardant le jour de la sortie comme le jour de la vente, ce qui a nécessairement produit, dans les résultats généraux comme dans les comptes individuels, les erreurs les plus étranges et les plus grossières;

« Que, par suite, le Tribunal, adoptant ces calculs dans le chiffre total et dans chaque compte individuel, est arrivé aux constatations les plus erronées;

« Que c'est ainsi qu'il admet le bénéfice total de deux millions au moins relatif aux ventes et aux rachats des Caisses; qu'il admet les prétendues pertes subies par certains individus qu'il signale;

« Attendu qu'avant d'arriver à prouver que ces chiffres sont illusoires et impossibles, il suffira, pour la Cour, de prendre, parmi les noms accueillis par le Tribunal, ceux dont les dépositions parmi les clients *exécutés* paraissent avoir frappé les premiers juges; qu'ainsi la dame Dombasle, dont le témoignage est principalement cité par le magistrat instructeur, qu'ainsi les sieurs Danner, vicomte d'Aure, Courtois, Petit-Jean, Dreyfus, chevalier Thierry, démontreront la futilité des calculs établis dans le rapport ;

« Attendu que l'expert procède à l'égard de tous de la manière suivante :

« Tel jour, les titres sont entrés dans la Caisse ;

« Tel jour les titres en sont sortis. Le jour de la sortie des titres est le jour de la vente, et l'expert en porte le prix au cours de ce même jour ;

« Attendu que, cette base adoptée, l'expert établit ainsi ses calculs :

Quant à la dame DOMBASLE ;

« Il signale deux opérations, la première sur 25 Autrichiens, la seconde sur 25 Lyon-Méditerranée :

1ʳᵉ OPÉRATION.

25 Autrichiens. — Entrée 5 juin 1856. — Sortie et vente : 4 juillet............................	15,465 fr.
30 avril 1859. — Vente fictive...................	9,093
Différence	6,372 fr.

« Mais attendu qu'aucune vente n'a eu lieu le 4 juillet, jour

où les 25 Autrichiens sont sortis de la Caisse, et qu'il faut recti-
fier ainsi le calcul de l'expert :

25 Autrichiens. Entrée : 26 juin 1856. — Sortie pour être remis
à M. Verdry, client de la Caisse : 4 juillet.

« Attendu que la vente était d'autant moins nécessaire qu'il y
avait, le 4 juillet, 2,408 Autrichiens dans la Caisse.

2e OPÉRATION.

25 Lyon-Méditerranée, valant 50 Lyon fusionnés. Entrée : 25
mars 1857. — Sortie et vente 50 Lyon :

31 juillet 1857, à 1,280 fr. . . . . 64,000 fr.

Vente le 30 avril 35,117

Différence . . . . 28,883 fr.

« Mais, attendu que les vingt-cinq titres Lyon-Méditerranée
ne sont sortis le 25 juillet que pour être échangés contre 50 Lyon
fusionnés, et qu'il n'en a été fait aucune vente ;

« Attendu qu'une seconde erreur très-grave est dans le prix :
les Lyon fusionnés ne valant que 850 francs, tandis que les Lyon
non fusionnés valaient, en effet, 1,280 francs ;

« Attendu que la vente était d'autant moins nécessaire au
25 juillet, qu'il y avait en caisse 5,317 Lyon.

LE SIEUR DANNER.

« Attendu que le sieur Danner a remis à la Caisse, contre

avances, d'abord......................... 94 Mobiliers,

puis 100 Autrichiens, qu'il a fait vendre plus tard,
faisant acheter en échange, par voie d'arbitrage,
au prix de 620 fr., encore mobiliers..... ...... 100 Mobiliers;

« Attendu que l'expert fixe la sortie de 94 Mobiliers, et le jour des ventes comme il suit :

	« Non trouvé..	2 à	1,740	»	3,480	»
13 sept. 1856	Archedeacon...	19	1,677	50	34,872	50
6 mai 1857	Dubois.........	25	1,330	»	33,250	»
1er février 1856	Lesage........	20	1,540	»	30,800	»
6 — —	Roussel.......	7	1,555	»	10,885	»
18 mars —	Bagiger........	12	1,570	»	17,840	»
29 — —	Briot	1	1,655	»	1,655	»
31 — —	Derode........	6	1,645	»	9,870	»
11 avril —	Petit.........	2	1,730	»	3,480	»
	« Non trouvé...	100	800	»	80,000	»
		194			223,132	50

« Mais, attendu qu'aucun des 94 premiers titres n'a été vendu ; que, sans parler des deux premiers que l'expert n'a pas trouvés, mais qu'il suppose vendus à 1,740 francs chaque, les 64 suivants ont été remis à trois agents de change pour le compte de M. Petit, et autres clients de la Caisse, qui les ont fait réclamer ; les 28 autres ont été remis aux personnes indiquées, toutes clientes de la Caisse, à qui la Caisse les a restitués et non vendus ;

« Attendu, quant aux 100 Mobiliers non trouvés, parce qu'achetés en arbitrage, ils n'avaient aucun numéro d'entrée sur le livre d'entrée et de sortie, l'expert a fixé le prix de la vente à son gré, portant, d'ailleurs, à 800 francs le prix de la vente, quand l'achat était à 620 francs ;

« Attendu que cette dernière vente aurait été sans motif, la Caisse ayant, le 1er décembre 1858, 2,212 Mobiliers (1).

Quant au VICOMTE D'AURE :

« Attendu que, contre une avance de 10,000 francs, le vicomte d'Aure a remis à la Caisse, le 2 juin 1857, 35 Autrichiens ; que, le 7 juin 1858, ces titres ont été livrés à M. Lacroix, rue Chaptal, 22, client de la Caisse ;

Attendu que l'expert, à cette même date du 7 juin, jour de la sortie, porte la vente des 35 Autrichiens, et en fait ressortir un préjudice de 2,145 francs pour le vicomte d'Aure ;

« Attendu que cette vente aurait été sans objet, la Caisse ayant, au 1er décembre 1858, 1,187 actions des chemins de fer autrichiens.

---

(1) Voici la première opération du sieur Danner à la Caisse :

Le 13 décembre 1855, il remet contre avances d'argent, 25 Autrichiens, en un titre unique, portant le n° 199,125.

Le 23 janvier 1856, il rembourse les avances et retire 25 Autrichiens, non plus son titre unique, mais 25 unités, depuis le n° 151,504 jusqu'au n° 151,528, ce qui ne l'empêche pas de dire dans sa déposition : « On m'a affirmé que M. Mirès faisait simplement des avances sur dépôt, comme la Banque de France, et qu'on me remettrait identiquement les mêmes titres. »

LE SIEUR COURTOIS.

« Attendu que le sieur Courtois a remis à la Caisse, contre avance de 11,550 francs, 32 Autrichiens, savoir :

Le 12 août 1856, remise de......... 20 Autrichiens.

Le 8 novembre 1857, remise de 10   —

Le 16 avril 1859, remise de.......... 2   —

32

« Attendu que ces titres sont sortis comme suit :

1856 18 août, 6 actions à M. Millet, agent de change, pour compte de Mlle Hernu, cliente de la Caisse ;

» 18 août, 12 actions à M. Dumontel, client ;

» 20 août, 2 actions à M. Callé-Beauvais, client ;

1857 19 novembre, 5 actions, à M. Millet, agent de change, pour compte de M. Baralle, client.

« Attendu que l'expert porte ces actions comme vendues à ces diverses époques, au prix moyen de 625 francs, et en fait découler un préjudice de 9,703 fr. 75 c. pour M. Courtois ;

« Qu'enfin, le 1er décembre 1858, le portefeuille de la Caisse contenait encore 1,187 actions des chemins autrichiens.

LE SIEUR PETIT-JEAN.

« Attendu que le sieur Petit-Jean a remis à la Caisse :

Le 16 mars 1857 . . . . 15 Autrichiens.
Le 3 avril 1857 15   —
Le 10 mai 1858 8   —
                                  ——
                                  38

Contre des avances s'élevant à 13,912 francs ;

« Que le 9 novembre et le 20 décembre 1858, il retira 10 actions contre un versement de 3,300 francs, et resta débiteur pour solde de 8,930 fr. 55 c., et créditeur en titres de 28 Autrichiens ;

« Attendu que ces 28 Autrichiens sont sortis comme il suit, sans qu'aucun ait été vendu :

Le 6 avril 1857. A Talbert, client . . . .   3 actions.
Le 7 «   »   A Bagieu, agent de chan-
               ge, pour compte de Le-
               large, client   5   »
Le 8 »   »   A Hébert, agent de chan-
               ge, pour client.   2   »
Le 4 novembre. A Dubois, agent de chan-
               ge, compris dans une
               remise de 200.   4   »
Le 4   »   A Billet, agent de chan-
               ge, dans une remise de
               200   3   »
Le 4   »   A Rougemont, agent de
               change, dans une re-
               mise de 100.   3   »
Le 12 mai 1858. A Dubois, client.   8   »
                                                 ——
                                                 28

« Attendu que l'expert porte à ces diverses sorties les diverses ventes qui auraient produit 16,878 fr. 75 c. et un préjudice de 6,693 fr. 75 c. à Petit ;

« Attendu que la Caisse avait alors en portefeuille 1,010 Autrichiens.

LE SIEUR DREYFUS.

« Attendu que le 21 juillet 1857, Dreyfus remit à la Caisse 50 Autrichiens, contre des avances d'argent ; que le 4 août 1857, les titres livrés par Dreyfus ont été remis à M. Derode, client, par l'intermédiaire de M. Gide, agent de change ; mais que, le 17 avril 1858 la Caisse restituait à Dreyfus 50 Autrichiens, portant d'autres numéros que les siens ;

» Attendu que le 10 novembre 1858, il fit remettre par Wey, agent de change, 25 Autrichiens, contre des avances d'argent ;

« Que le 19 janvier 1859, il fit remettre encore par un nouvel agent de change, M. Ledoux, 25 Autrichiens ;

« Mais, attendu que l'expert, sans s'occuper de la restitution faite à Dreyfus de ses 50 Autrichiens, le 17 avril 1858, ni de la remise faite par lui à la Caisse, en novembre 1858 et janvier 1859, de 50 autres, ne prend note que des 50 premiers Autrichiens, et les porte comme vendus à Derode, le 4 août 1857, au prix de 675 fr. 25 c. ;

« Mais, attendu qu'il n'y a pas eu de vente et qu'en décembre 1858, la Caisse avait 1,187 Autrichiens en portefeuille.

LE CHEVALIER THIERRY.

« Attendu que la Caisse des chemins de fer remit pour le compte du chevalier Thierry, le 2 octobre 1855, à M. Grandjean, agent de change, qui en exigeait le payement, 39,394 francs, contre :

« 10 actions Sardes, libérées de 150 francs.

« 25 — des Petites Voitures ;

« 8 — du Crédit Mobilier ;

« 50 — Ouest ;

« Attendu qu'après plusieurs spéculations, Thierry, débiteur de 42,275 fr. 35 c., n'avait en titres, le 30 avril 1859, que 35,932 francs, lors de la vente de ce jour, mais qu'il a été réintégré le 6 juillet suivant ;

« Attendu que l'expert prétend que sur 50 actions de l'Ouest, 46 ont été vendues le 8 novembre 1855, jour où elles sont marquées au registre comme sorties ;

« Mais attendu que cette vente n'a pas eu lieu et qu'elle aurait été sans objet, puisque, à cette même époque, le portefeuille de la Caisse renfermait 2,838 actions de l'Ouest ;

« Attendu que toutes les erreurs de l'expert proviennent de ces deux impardonnables négligences :

« 1º Il n'a consulté qu'un registre sans portée ;

« 2º Il n'a pas consulté les livres légaux ;

« Attendu qu'il eût suffi de consulter le compte de caisse et le livre-journal pour s'assurer qu'aux jours indiqués pour ces ventes, aucune rentrée d'argent n'avait eu lieu ; qu'en conséquence aucune vente de titres ne pouvait avoir été faite, puisque la Caisse n'en recevait pas le prix ;

« Attendu qu'en recevant les titres des mains des clients, la Caisse conservant pour elle-même les numéros qu'elle refusait de porter dans les reçus qu'elle donnait, il était facile d'en suivre la sortie, mais qu'il n'en était pas de même des titres achetés par leurs ordres, dont on se bornait à les créditer sans énonciation de numéros; que, la sortie n'en étant pas indiquée, l'expert n'avait plus de guide, puisqu'il ne consultait pas le compte des *valeurs diverses, application*, qui seul pouvait l'éclairer;

« Attendu qu'alors, comme pour les cent Mobiliers arbitrés pour le compte de Danner, l'expert crée un prix de vente; que c'est ainsi qu'il agit pour Beauvais et Ducros, prenant un cours arbitraire pour déterminer un chiffre; que, sur cette catégorie, l'expertise manque de toute espèce d'éléments;

« Attendu, en ce qui touche Martin, Pinaud, Tersouly et Delahaye, qu'ils rentrent dans ce qui va être dit sur les créditeurs d'actions de la Caisse générale;

« Attendu que c'est ainsi que, les comptes individuels étant formés sans aucune base sérieuse, l'expert est arrivé, dans les comptes généraux, à ces résultats inouïs d'un bénéfice de 3,865,560 fr. 55 c. sur les exécutions, et de 2,553,785 fr. sur les ventes et les achats des Caisses.

En ce qui concerne les exécutions :

« Attendu que l'expert conclut un bénéfice de.................................... 3,865,569 fr. 55 c.

« Diminué par les réintégrations de la somme de.................................... 1,336,291   82 »

     « Soit une somme de............ 2,529,268 fr. 73 c.

     « Ainsi divisée :

« Bénéfices de la maison................ 2,907,993 fr. 73 c.

« Bénéfice personnel de M. Mirès...... 521,275   »

« Attendu, pour ce qui est du bénéfice de 2,097,993 francs afférant à la Société, qu'il résulte de l'examen des livres légaux et des comptes considérés dans leur ensemble, que, de ce chef, la Caisse des chemins de fer, au lieu de réaliser un bénéfice de 2 millions, a fait une perte de 3 millions passés;

« Attendu, en ce qui touche le bénéfice de 521,375 fr. fait personnellement par Mirès, que ce prétendu bénéfice est porté, par le rapport, en double emploi avec l'opération des Caisses, laquelle se résout également par une perte;

« Attendu qu'il résulte du rapport que l'opération sur les Caisses, limitée à 21,247 actions de la Caisse des chemins de fer, se solde par un bénéfice de 2,553,785 francs au profit personnel de MM. Mirès et Solar, gérants de ladite Caisse:

« Mais attendu qu'il est établi par les livres de la Société, négligés par le rapport, que l'opération comprend dans son ensemble 29,005 actions de la Caisse, et qu'au lieu de se solder par un bénéfice, elle se résout par une perte de 1,294,655 fr.;

« Attendu que, même limitée à 21,247 actions, l'opération, loin de donner un bénéfice de plus de 2 millions, se solde par une perte de 63,000 fr.;

« Attendu que le rapport omet, en décembre 1838, au compte *rentes*, un bénéfice établi; qu'il omet de déclarer ce compte vendeur de 675,000 fr. de rentes; qu'il supprime absolument la situation à la Bourse, au 31 décembre 1858, du compte *valeurs diverses;*

« Qu'à l'occasion des exécutions, il omet les rachats entre les premières ventes et les exécutions du 30 avril, ne disant pas s'ils avaient eu lieu en hausse ou en baisse, quoiqu'il déclare que les actions exécutées le 30 avril existaient réellement;

« Qu'il déclare qu'à la fin de 1848, la Société, sans ressources, ne pouvait payer 8,000,000 francs de titres, quand le livre de portefeuille constate plusieurs millions de valeurs diverses, immédiatement réalisables, en dehors des valeurs formant le capital de la Compagnie;

« Qu'il porte comme perte à la charge de la maison la somme de 760,175 francs, provenant des coupons nº 2, et il ne fait pas connaître le payement par Mirès de cette somme, dont Mirès exonère la maison, déclarant, au contraire, que Mirès a porté préjudice aux actionnaires des 760,000 fr. et des intérêts;

« Attendu que, dans les inventaires des années 1857, 1858, 1859 et 1860, les erreurs les plus évidentes se manifestent;

« Attendu, enfin, que l'expert a déversé le blâme et les accusations contre les opérations faites et les entreprises créées en 1853, 1854, 1855 et 1856; que ses appréciations sont de nature à eter dans l'esprit des magistrats les préventions les plus défavorables contre Mirès; que, devant le Tribunal comme devant la Cour, où les précédents doivent exercer une si grande influence, puisque la conscience a une si grande part dans l'appréciation des faits et dans la détermination de la peine, il est impossible que le tableau d'une série de créations industrielles présentées comme peu loyales et manquant de probité ne pèse pas d'un grand poids sur le jugement et l'arrêt, surtout quand, couvertes par la prescription, elles ne peuvent pas être soumises à un examen contradictoire;

« Attendu que de tous les faits susénoncés, de tous les redressements ci-dessus indiqués à titre d'exemples, il résulte que le rapport qui a servi de base au jugement est plein d'erreurs capitales : erreurs de droit, erreurs de fait, erreurs de chiffres, et que, dès lors, il ne saurait être passé outre aux débats sans une nouvelle expertise, expertise contradictoire, dans laquelle Mirès pourra donner les explications et éclaircissements nécessaires;

« **Avant dire droit définitivement à l'appel, ordonner que, par** tels experts qu'il plaira à la Cour de désigner, il sera procédé à la mission qu'elle jugera utile pour la manifestation de la vérité sur chacun des quatre faits qui ont amené la condamnation de Mirès et sur les distributions de dividendes pendant les années 1857, 1858, 1859 et 1860, distribution qui est le cinquième chef ayant entraîné la condamnation; dire que les experts entendront toutes personnes pouvant leur donner les renseignements nécessaires, et que Mirès sera appelé à leur fournir toutes les explications, pour, sur le rapport déposé au greffe de la Cour, être ensuite statué ce qu'il appartiendra. »

Paris. — Imprimerie Paul Dupont, rue de Grenelle-St-Honoré, 45.

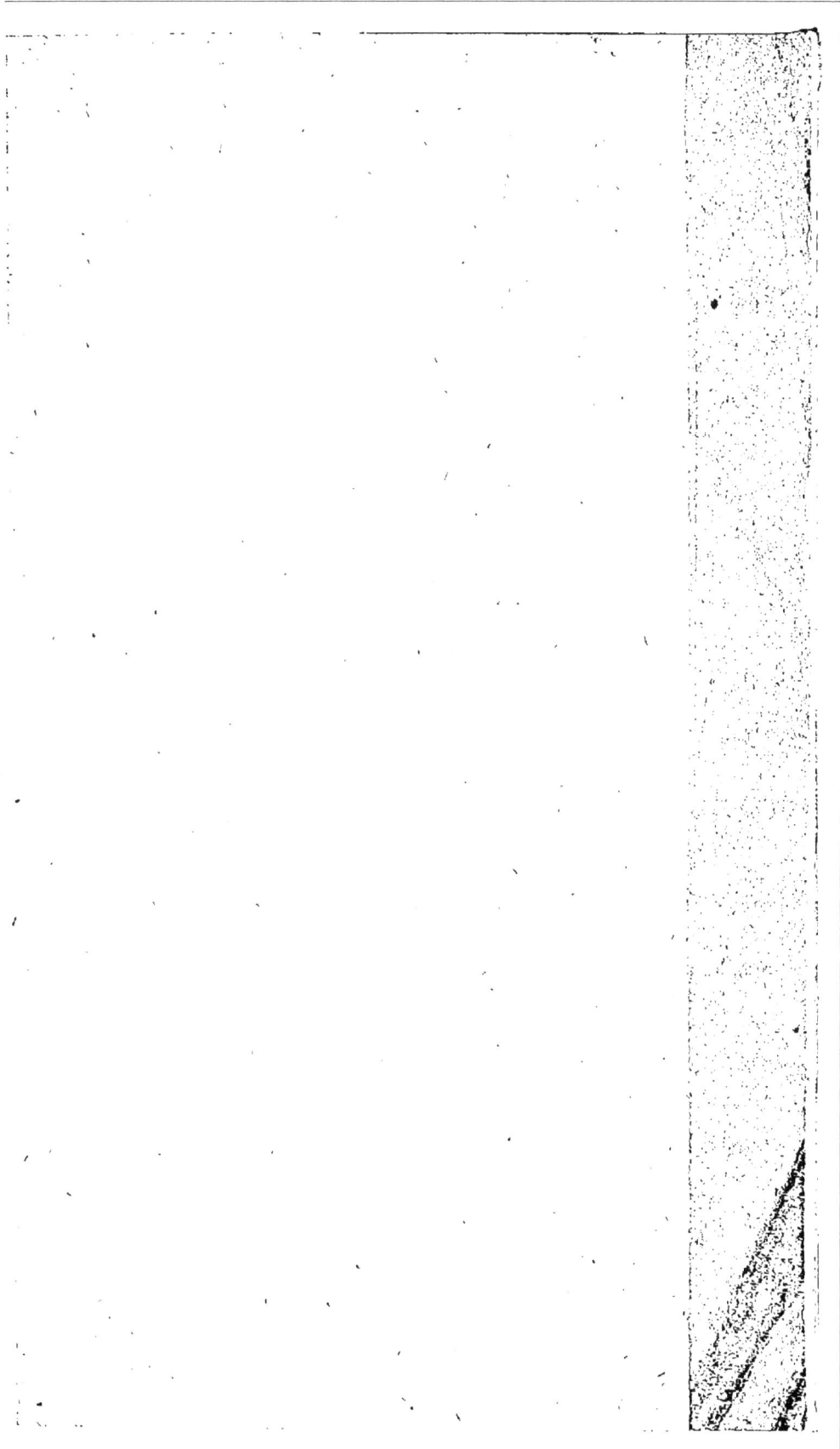

PARIS, IMPRIMERIE DE PAUL DUPONT

RUE DE GRENELLE-SAINT-HONORÉ, 45.

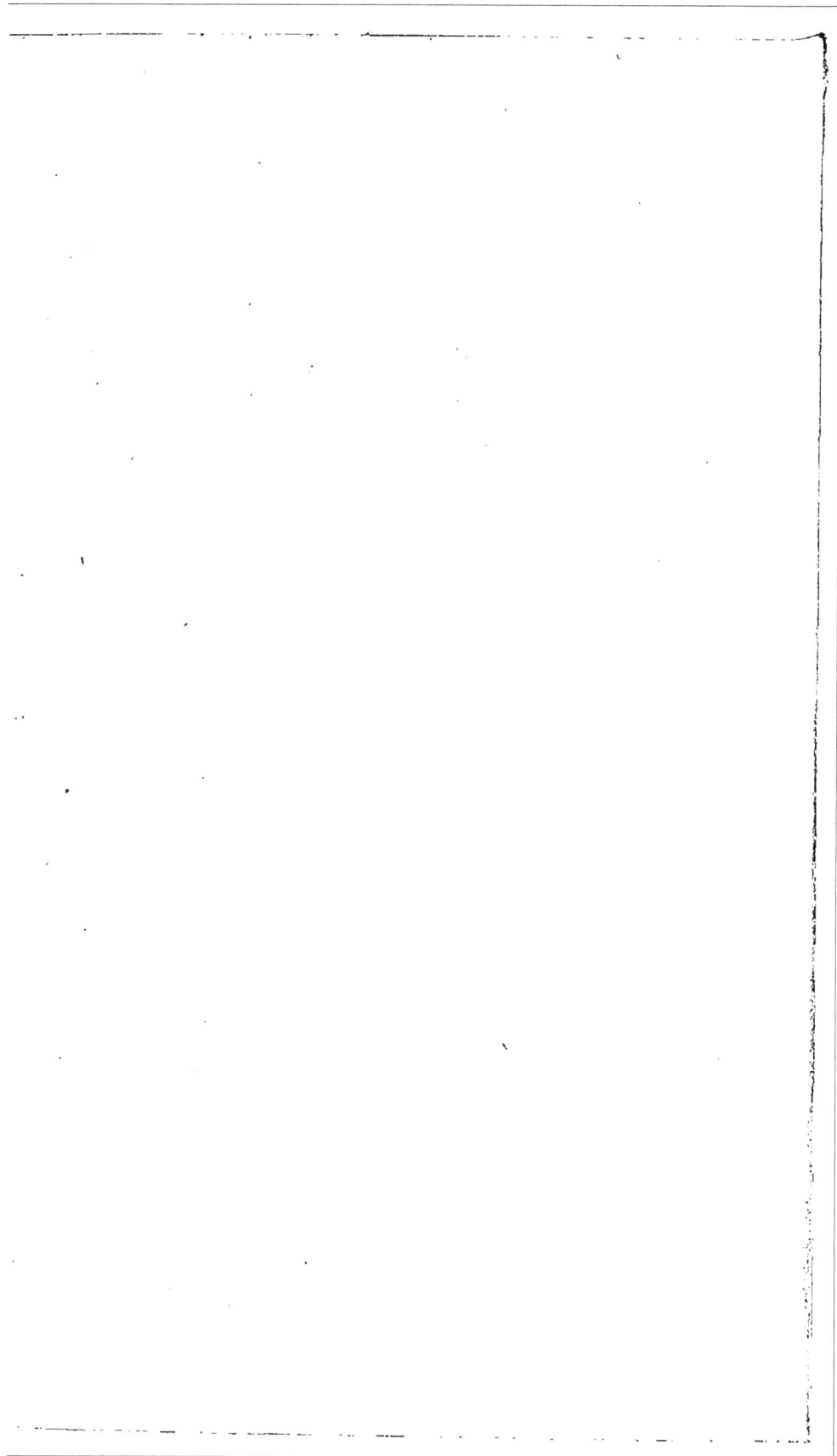

www.ingramcontent.com/pod-product-compliance
Lightning Source LLC
Chambersburg PA
CBHW070257200326
41518CB00010B/1812